BECOME

목적의식 있는 리더십의
5가지 핵심요소

BECOME

초판 1쇄 2020년 06월 29일

지은이 마크 해넘
옮긴이 문수모
발행인 문수모
디자인 이근택
교정·교열 김진섭 권혜진 정용운 한수정 현희진

발행처 ㈜링키지코리아
등록번호 제2018-000007호
주소 경기 성남시 분당구 황새울로200번길 34 1202-1호
전화 031-711-1961
팩스 031-711-1967
홈페이지 www.linkagekorea.com

가격 17,000원
ISBN 979-11-964755-4-3 03320

CIP제어번호 CIP2020023568
이 도서의 국립중앙도서관 출판도서목록(CIP)은 서지정보유통지원시스템 홈페이지(http://seoji.nl.go.kr)와
국가자료공동목록시스템(http://www.nl.go.kr/kolisnet)에서 이용하실 수 있습니다.

* 이 책 내용의 전부 또는 일부를 이용하려면 반드시 저작권자와 ㈜링키지코리아의 서면 동의를 받아야 합니다.
* 파본이나 잘못된 책은 구입처에서 교환해 드립니다.

BECOME
비컴

마크 해넘 지음 | 문수모 옮김

목적의식 있는 리더십의 5가지 핵심요소

INSPIRE
공통의 비전을
추구하도록
고취

ENGAGE
최고의 능력을
발휘할 수 있도록
몰입

INNOVATE
비전과 목표 달성을
위한 프로세스
혁신

ACHIEVE
사람과 자원을
조율하고 조직화하여
성취

BECOME
헌신과 용기있는
리더로서 자각하여
성장

Linkage
Create lasting leadership impact
㈜링키지코리아

"당신이 이끌고자 하는 목적이 그 결과를 결정짓는다."

이 말은 2014년 하버드 비즈니스 리뷰 Harvard Business Review 에 게 재한 논문의 제목으로, 국립과학원 논문집에 발표된 연구 결과를 요 약한 것이다. 예일대 에이미 교수 Amy Wrzesniewski 가 이끄는 이 연구는 사람들이 외적 동기 이익 동기 또는 개인적 야망 와 내적 동기 목적의식 의 혼합 으로 이끌 때 리더십 효과는 내적 동기에 의해서만 추진된 것보다 현저 히 낮다는 것을 보여주었다. 메시지는 분명하다. 최고의 리더는 자신을 위한 것이 아닌 내적으로 타인과 조직의 필요와 열망을 해결하는 사람 이다.

그럼에도 불구하고, 리더 개발을 담당하는 컨설팅 회사나 기관들 은 여전히 개인의 이익과 부에 리더십 능력을 부여함으로써 리더 개발 전략을 주장한다. 그러나 링키지사 Linkage Inc. 의 최고경영자인 제니퍼 Jennifer McCollum 와 이 책의 저자인 연구개발 담당 부사장인 마크 Mark Hannum 는 그 패러다임을 바꾸었다.

링키지에서 리더 개발은 특권이 아닌 목적에 관한 것이다. 그리고 그 것은 다른 어떤 사실보다도 이 책의 가치를 강조한다. 이 책은 내부 주 도형 리더를 가장 잘 정의하는 리더십 책이 될 것이다.

Linkage의 5가지 리더십 핵심요소는 다음과 같다.

1. 고취하다 Inspire : 미래 비전에 대한 희망과 영감을 제공
2. 몰입하다 Engage : 직장에서 기여하고 참여할 수 있는 기회 제공
3. 혁신하다 Innovate : 새로운 사고와 창의적 자유를 이끌어 성공을 창출
4. 성취하다 Achieve : 성공적인 결과를 달성하기 위해 적절한 구조와 명확성을 창조
5. 성장하다 Become : 헌신, 용기, 공감, 자기 인식 이끌기

이러한 핵심요소를 통해 리더가 되려면 내적으로 주도적이고 목적이 있어야 한다. '고취하다'의 목적은 다른 사람들을 격려하고, '몰입하다'의 목적은 다른 사람들을 포함하는 것이며, '혁신하다'의 목적은 새로운 경로를 도표화하는 것이며, '성취하다'의 목적은 조직의 목표에 대해 일관된 결과를 얻는 것이다.

특출한 리더는 과정을 거쳐서만 '성장하는 become 것'이며, 리더가 된 후에도 리더의 목표는 깊고 내적인 성장을 지속하며 약속된 외적 보상을 추구하는 것은 아니다. 이 다섯 가지 핵심요소가 리더의 명성이나 물질적 성공을 약속하는 것도 아니다.

물론 성공하기 위해서 목적의식 있는 리더십을 따르지 않는다는 것을 의미하지는 않는다. 마크 해넘 Mark Hannum 의 많은 연구가 바로 그 사실을 증명할 것이다. 실제로 링키지사 Linkage Inc. 의 목적 지수 Purpose Index 는 목적의식 있는 리더십과 재무 성과, 경쟁 차별화, 직원

몰입 및 창의 지향의 순고객추천 점수와 같은 매우 중요한 비즈니스 지표 사이의 밀접한 관계를 보여준다.

그러나 출발점은 목적의식은 개인적 야망이나 성공에 달려 있지 않다는 것이다. 그것은 리더십의 본질과 훨씬 더 관련이 있다. 개인적인 성취는 개인적인 야망 이상의 단계이다. 우리는 너무 많은 것을 원한다는 야망으로부터 벗어나고, 또 그렇게 행동함으로써 훨씬 더 많이 목적을 이룰 수 있다.

리더십에 관한 책을 만들기 위해 숲 전체가 벌목되었다고 한다. 그것은 상당히 불행한 일이다. 왜냐하면 독자들이 이 책을 먼저 접했다면 많은 시간을 절약할 수 있었기 때문이다. 마크는 교육, 조직개발, 경영진 코칭 및 리더십개발에 걸쳐있는 경영 이론가로서 경험에 근거하여 유익하고 기본적으로 목적에 부합하는 대단한 통찰력을 이 책을 통해 제공하고 있다.

명쾌하게 제시된 바와 같이, 이 책은 무심코 다루어질 책이 아니라 시간 투자 대비 엄청난 효과를 얻을 수 있는 책이다. 나는 이 책을 원했고, 필자는 이 책을 만났다. 독자들도 마찬가지로 리더십에 대해 다르게 생각하기 시작할 뿐만 아니라 자신이 이끄는 방식을 재고하라는 메시지를 얻을 것이다. 그의 책은 많은 리더가 '성장하는 Become' 데 도움이 될 것이다.

— 톰 콜디츠 Tom Kolditz
라이스 대학교(Rice University)의
새로운 리더를 위한 앤 죤 도어 연구소 창립 이사

　나는 리더십 컨설턴트다. 링키지사의 동료들과 나는 조직이 적절한 시스템, 도구 및 규정들을 구비하여 리더의 질을 높이고 효과를 높일 수 있도록 돕는다. 링키지는 글로벌 리더십 개발 컨설팅 회사로, 포춘 Fortune 1000대 기업이 매출 및 수익 증대를 위해 그들 조직의 리더를 체계적으로 육성할 수 있도록 지원하고 있다. 지난 25년 동안 리더 개발에 도움이 되는 도구를 제공하여 리더십 스킬과 자질에 관한 방대한 데이터베이스를 만들었다. 진행 과정에서 회사의 기본 가치 또는 전략을 변경하지 않으면서 전략을 보다 명확하고 쉽게 구현할 수 있도록 시도하는 나 자신을 발견하곤 하였다.

　핵심적으로, 리더십 컨설팅은 먼저 각 리더가 스스로 가능한 최고의 수준인지 확인해야 한다. 둘째, 리더십 컨설팅은 리더십 집단이 리더십 스킬을 실천하는 비슷한 방식을 갖도록 하는 것이다. 이 전문 분야의 사상가이자 전 링키지사의 이사회 멤버인 워렌 베니스 Warren Bennis 교수는 이를 '어려운 일 herding cats, 역자 주 : 고양이 무리들이 양의 무리들과 다르게 무리를 짓게 하기 어려움에 비유하여 번역함, 실제적으로 리더십 컨설팅은 조직 내 복잡한 다양한 변수들을 통합하고 조정하여야 하는 어려운 직무에 기초'이라고 비유했다. 모든 사람이 시작하고 정렬되었다고 느끼자마자 누군가는 악역을 맡아 복잡한 상황을 정리하여야 한다. 이런 종류의 일은 누군가가 다른 방향으로 가고 있다는 작은 이야기라도 듣기 위해 끊임없이 현장에

귀를 기울이고 눈을 늘 주시하고 있어야 한다. 물론 리더는 때로는 단순히 어떤 일이 일어나고 있는지, 왜 그런 일이 일어나고 있는지 오해할 수 있기 때문에 좋지 못한 평판을 얻을 수 있다. 이로 인해 일반적으로 해당 리더에 대한 개인 코칭이나 다른 형태의 개입에 대한 필요성이 발생한다. 셋째, 리더십 컨설팅이란 리더십 개발 워크숍, 승계 계획 시스템 및 리더를 위한 심화 교육과 같은 기본 조직 프로세스를 구축하는 것을 의미한다.

침팬지에서 임원까지

내가 하는 일을 말로 설명하기가 어렵다. 내가 파티에 초대되면, 코너에 서서 전채가 올 때까지 기다리는 것이 훨씬 쉬운 일이다. 그러나 필연적으로 사람들이 나에게 어떤 일을 하는지 물을 것이고, 나는 조직이 그들의 리더를 개발하도록 돕는다고 말할 것이다. 내가 받는 시선은 종종 반려견이 당신이 하는 일을 이해하지 못할 때 당신의 반려견으로부터 받는 시선과 같은 것이다. 일반적으로 큰 후속 질문은 없다. 따라서 나는 리더십 개발의 기본적이고 핵심 전략에 관해 설명하려 한다.

"어떻게 컨설팅 일을 시작하게 되었는가?"는 보통 스스로 자주 묻는 말이다. 이 질문은 나를 행복하게 한다. 나는 가톨릭 사제가 되기를 원하는 아일랜드 가톨릭계 어머니 슬하에서 자랐다. 나는 학구적이고 실험적인 심리학자가 되고 싶었다. 나는 신학교에 대한 미련을 남긴 채 침팬지를 훈련하기 위해 대학원에 갔다. 수화를 사용하여 의사소통하는 방법에 대한 5년간의 연구 끝에 내 박사학위는 학교를 떠난 주임지도교수와 함께 증발하여 버렸다. 이제 어떻게 생계를 꾸려가야 하는지 난감한 상황이 되었고, 내가 무엇을 할 수 있을지 전혀 몰랐다. 결국 내가 해야 할 일을 알고 있는 헤드헌팅 회사를 찾았고, 리더십 개발 회사라는 직무를 찾았다.

리더십 회사의 고객이 나를 채용했을 때 나는 리더십 개발 컨설턴트가 아닌 상업용 부동산 및 사고 보험을 처리하는 손해사정사가 되었다. 나는 무역업무를 배웠고 어려움에 부닥친 리더들을 위해 일하는 나 자신을 발견했다. 상업용 부동산 및 손해 보험 관련 주요 업무는 보험보증이 가능한지 여부와 가격 대비 손익 등을 평가하는 것이었다. 각 파일은 알아내야 할 퍼즐 같은 것이었다. 보험업의 리더십과 관리 스타일에 집중하였기 때문에 그 퍼즐을 알아내는 데 매우 능숙하였다.

매우 빨리, 트레이너로 승진한 다음 교육훈련 개발자로 다시 승진했다. 이후 조직장이 되었다. 결국, 나는 새로운 유형의 리더십을 가지고 새로운 유형의 조직을 표방하는 한 보험회사인 하노버 Hanover Insurance 에 합류했다. 보험에 대해 배우면서 하노버의 최고경영자인 윌리엄 오브라이언 William J. O'Brien 으로부터 조직과 리더십에 대해 배우는 것에 매료되었다.

하노버에서 사업분야를 다루기 시작했고 조직개발과 교육훈련을 담당하게 되었다. 여기에서 내 길을 찾으려고 노력하면서 MIT대학의 조직 학습 센터와 함께 최고경영자의 주요 프로젝트에 동참하였다. MIT 경영대학원 Sloane School of Business 의 교수진, 젊은 박사 과정 학생들과 포드 자동차, 제너럴 모터스, 월트 디즈니, 아날로그 디바이스, 미국에서 최고의 조직 개발 실무자, 그리고 현재 실리콘 밸리에 인수 합병한 수많은 하이테크 회사들과 일하게 되었다. 이때 시스템 사고의 어려운 기술과 컨설팅 방법을 배웠지만 내게 가장 중요한 것은 리더십을 배우는 것이었다. 단지 리더가 되기 위한 방법을 배우는 것이 아니라, 이러한 경험들로 인해 숙련되고 철학적인 식견을 가진 세계적인 리더십 대가들의 리더십을 유심히 관찰하게 되었다.

리더십으로 보는 나의 과거 양면성

이것은 칵테일 파티에서나 공유하는 흔한 이야기가 아니라 정말 아이러니한 이야기다. 하노버에 있을 때까지 아직 경력이 짧아 일반 리더나 특정 리더의 열렬한 팬이 아니었다. 1960년대에 성장하여 존 F. 케네디, 마틴 루터 킹 주니어, 로버트 F. 케네디 등 세 거대한 리더의 암살을 기억하고 있다. 그 당시, 세 사람 모두 여전히 자신이 누구인지, 무엇을 성취하고 싶었는지, 왜 그것을 성취하고 싶었는지를 알려주는 과정에 있었다. 세 사람 모두 여전히 매우 젊은 사람이었다. 모두 어떤 점에서는 결점이 있었고 다른 방식으로 집중하고 참여했다. 나는 세 사람 모두 목숨을 잃는 것을 보았고, 그들이 우리에게 남긴 꿈을 잃지 않았다는 것도 알고 있었다.

또한 60년대와 70년대에 리더십의 실패 사례를 쉽게 볼 수 있었다. 전쟁의 실패, 대학 캠퍼스에서의 발생하는 시위 관리, 백악관에서의 범죄 행위뿐만 아니라 국내에서의 테러리즘 등이다.

고향에서 가장 큰 공장이 문을 닫아 직원 연금을 도난당하고 직원들의 의료보험이 중단되었고 친구들은 부모님이 일을 찾을 수 있도록 다른 지역으로 이사했다. 공장 폐쇄로 인해 직장을 잃은 내 동급생의 어머니는 보험 중단으로 인해 출산 중에 사망했다. 지역 고등학교의 영웅들이 베트남 전쟁에서 돌아왔고 장례식에서 제단 소년으로 봉사했다. 리더십은 항상 부정적인 것과 연결된 것처럼 보였다.

물론 모두 부정적인 것은 아니다. 어떤 사람들은 문명사회의 붕괴를 예측했지만 비틀즈는 우리의 삶 전체에 긍정적 변화를 가져오는 음악을 만들고 있었다. 가족과 뉴욕 세계 박람회에 갔을 때 나는 미래를 보았으며 밥 딜런Bob Dylan의 메시지와 시를 이해하기 시작했다. 미우주항공국NASA이 우리를 계속해서 흥분하고 긴장하게 만들며 결국 한 남자가 달나라에 착륙하여 걷는 것을 보았다.

리더십에 관해 많은 것을 배웠다. 사람들을 조직하고 힘들고 고된 일을 통해 관심을 유지하고 실험을 시도하며 일을 관리하고 매체를 다루는 것이다. 나는 훌륭한 조직을 만드는 방법을 이론화했지만 스스로 관리할 수 없는 컨설턴트를 위해 일했다. 리더십은 분명 사람에 관한 것이지만, 금융 서비스 세계에서 돈을 관리하는 사람들도 리더십을 수행한다는 것을 알게 되었다. 비효과적이고 심지어 독성이 있는 리더들과 함께 일했다. 품성이나 수련이 부족한 리더들과 함께 일하며 리더십의 냉소적이고 회의적인 면을 보게 되었다. 그 당시 나는 지나치게 야심 찬 리더지만 투박함으로 가득 찬 냉소주의에 젖어 있었다.

하지만 위대한 리더가 있다는 것을 알게 되었다. 방향을 제시하고 함께 일하는 사람들을 세심하게 돌보고 성공을 위해 사람들을 조직하는 방법과 권력의 손잡이를 당기고 상징적인 것을 사용하는 방법을 알고 있는 리더를 보았다. 이 사람들은 리더십 기술을 가지고 있었다. 그들은 분명히 목표를 달성하기 위해 사람들의 마음을 모으는 능력을 갖추고 있었고 사람들에게 감동을 주는 타고난 재주를 가지고 있었다. 그들은 용기 있고 담대한 사람들로 정의될 수 있다. 이 리더들을 알게 되자 나의 냉소주의는 한결 부드러워졌고 분별력이 깊어졌다.

리더십 연구

리더십은 하나의 단순한 스킬이 아니라 복잡한 스킬이다. 그리고 내가 지금 아는 것은 리더들은 우리가 모두 달성하고자 하는 목표를 설정하고 목표를 공유하는 개인들이라는 것이다. 리더들은 또한 사람과 상황에 긍정적 영향을 미친다. 내가 따라야 할 효과적인 리더들이 단순하고 겸손하고 집중력이 있으며 긍정적이면서 우아하다는 것을 배웠다. 몇 년 동안 함께 일해 온 훌륭한 리더들은 이 믿음을 바꾸지 않았으며 나쁜 리더들은 없었다.

하노버에서 조직 이론과 리더십에 대해 깊이 알게 되었을 때, 최고경영자인 윌리엄 오브라이언과 함께 일하는 관대하고 선구자적 리더들과 일할 수 있었다. 가장 주목할 만한 것은 『제5의 경영 The Fifth Discipline』의 저자인 피터 센게 Peter Senge, 하버드 대학교의 크리스 아지리스 Chris Argyris, 컨설턴트의 컨설턴트이면서 『관리 f-법 Management f-Laws』의 저자 러셀 애코프 Russell Ackoff 는 리더들과 리더십 실천이 조직에 내재화되는 과정에서의 결함을, 도넬라 메도우Donella Meadows는 시스템 사고의 원형을 개념화하고 개인적으로 나를 멘토링했다. 경영 분야의 이론가인 헨리 민츠버그Henry Mintzberg, 그룹 프로세스 및 조직 문화의 대가인 에드가 샤인Edgar Schein, 그리고 미래 연구의 마빈 바이스보드Marvin Weisbord이다.

그들은 아마도 모두 나를 기억하지는 못하겠지만 그들이 냉소주의에서 벗어나 내가 흥미를 느끼게 하고 낙관주의에 영향을 갖도록 한 손길을 기억한다. 리더십이 목표에 반하여 대상에 관한 관점이라는 것을 갖게 된 것도 하노버에서였다. 나는 리더십의 주체를 연구하며 그에 관한 책을 읽고 많은 기회를 포기하였다.

리더십과 리더들의 몰입에 대한 큰 시도는 리더십 시스템, 전략 및 조직을 구축하려는 리더들과의 15년 이상의 컨설팅으로 이루어졌다. 리더십의 역량 모델을 구축하고 기업이 리더와 협력하여 조직을 혁신할 수 있는 리더십 시스템을 구축하는 과정을 통해 더 많은 것을 배웠다. 첫째, 우리는 모두 리더이다. 스스로 리더십을 높이려는 조직에서는 모두 변화를 주도한다. 다른 것보다 더 두드러지게 나타나는 것도 있다. 어떤 사람들은 말을, 어떤 사람들은 행동을 통하여 영향을 미친다. 우리는 모두 변화의 성공에 참여하고 핵심적인 기여자가 되기를 원하며 또한 방향을 바꾸는 창의적이고 혁신적인 아이디어를 찾고자 한다. 그리고 그룹, 팀의 구성원이 되어 업무를 잘 진행할 수 있도록 하는 역할을 맡기를 원한다. 둘째, 리더들은 전체 공동체와 공감하는 목표를 가지고 있다. 목표를 통하여 현재 상태를 바꾼다. 목표를 통하여 사람들은 다르게 행동하고 영감을 얻는다. 목표는 과거에 대한 비판이 아니라 이루고자 하는 꿈이다.

마틴 루터 킹 Martin Luther King Jr. 의 유명한 "나는 꿈이 있다 I have a dream "라는 리더십 연설은 항변이 아니었다. 매우 간결하고 우아했다. 매우 열망적이었다. 그 연설 내용은 환상이 아니었다. 그리고 그것은 우리를 춤추게 했다. 위대한 목표를 가진 리더들은 모든 갈등과 긴장을 극복하고 자기 이익에 대한 의심을 없애고 현재 상태의 혼란과 잡음을 해소했다. MIT대학의 조직 학습 센터를 통해 도넬라 메도우를 만났는데, 그녀는 "큰 목표는 모든 것을 변화시킨다"고 내게 알려주었다. 반대의 경우도 마찬가지다. 목표가 없는 리더는 항상 부족하고 비효과적인 모습을 보여주었다.

리더십 재정의하기

2011년까지 링키지사에서 일하면서 링키지의 리더십에 대한 접근 방식을 업데이트하고 다시 개념화하는 프로젝트를 시작했다. 링키지는 1988년 기업가 필 하킨스 Phil Harkins 가 설립하였으며 필은 리더십 분야의 대가인 워렌 베니스 Warren Bennis 와 관계를 맺었다. 링키지의 리더십 관점은 워렌의 축복과 함께 그의 연구와 사고로부터 출발하였다. 워렌과의 제휴와 관계는 리더십 전문가의 세계에서 리더십 모델에 특정 지위와 차별화를 제공했다. 워렌은 질적 분석과 양적 분석 모두에서 리더십을 발휘한 최초의 연구가 중 한 사람이었다. 그는 집중력, 에너지 및 지혜에 관한 길을 이끌었다. 워렌은 세상을 떠났고 그 후 일반적으로 리더십 사고의 틀에서 수많은 연구 결과가 허물어지기 시작했다. 워렌 베니스 정도의 지위를 가진 스폰서라면 긍정적인 영향과 부정적인 영향을 모두 받는다. 우리의 관점을 바꾸는 것은 표면적으로 그의 관점에서, 그리고 그의 작업이 우리에게 부여한 독창성에서 벗어나는 것을 의미한다. 동료들을 안락 지대 밖으로 벗어나게 하는 것은 작은 일이 아니다.

어느 날 밤 썩 좋지 않은 식당에서 맛없는 햄버거를 먹는 동료들에게 우리가 리더십 자격이 있다고 생각하는지 물어보며 머니볼 영화와 빌리 빈 Billy Beane 단장, 그리고 야구를 잘 못했던 야구 전문가들의 확실성을 언급했다. 전문가에 대한 카네만 Kahneman 과 티베스키 Tversky 의 연구와 전문가가 초보자만큼이나 자주 틀렸다는 것을 언급하며 말콤 글래드웰 Malcolm Gladwell 의 책 『블링크 Blink』와 그것이 특정 일을 결정하는 무의식적 동기를 어떻게 설명했는지 언급했다. 동료들은 우리가 그만한 자격을 가지고 있다는 확신을 표명했다. 그들은 수백 개의 연구와 수많은 연구자에 의해 그림자가 드리워질지라도 워렌의 리더십 모델에 사로잡혀 있었다.

그래서 내가 할 수 있는 일을 했다. 리더십에 관한 책들을 읽고 리더십 전문가, 학자, 리더십 저명인사들이 모인 모든 강의에 참석했다. 기본적인 아이디어를 정리하여 동료들에게 가져갔고 그들은 나의 이론과 가설을 가치 있게 보았다. 우리는 팀을 결성했고, 더욱더 영향력 있는 방법이 있다는 가설을 입증하기 위해 연구를 수행했다.

20년이 넘는 기간 동안 10만 명이 넘는 리더의 축적된 360도 데이터를 분석했다. 역량 모델들을 보았고 수백 건의 인터뷰를 통하여 고객을 위한 많은 리더십 모델을 만들었다. 리더십 및 리더십 개발을 위하여 리더십 관련 학자들과 기업의 전문가들을 인터뷰했다. 각각의 사례 연구를 통합하고 분석하여 어떻게 리더가 되는지 연구하며 목적의식 있는 리더십이라고 부르는 것을 세밀하게 찾아냈다. 우리는 고객들과 전문가들과 함께 개념을 테스트했고 이 개념을 다듬고 단순화하여 명쾌한 개념으로 만들었다. 가장 중요한 것은 우리가 그것을 학습할 수 있게 만들었다는 것이다.

리더십은 다이아몬드보다 더 많은 면을 가지고 있다. 리더십에 관한 수많은 유형의 이론과 행동들이 있으며 리더십이라는 주제에 대해 포괄적인 내용을 담고 있고 이해하기 쉬운 책을 찾기 어렵다. 지금까지 리더십에 관한 대화는 효과적이지 못했으며, 이제 『BECOME』에 대해 탐구할 때가 되었다.

 직장의 동료이자 연구개발의 핵심 책임자인 마크 해넘 부사장은 오
랫동안 링키지사에서 리더십 개발을 위한 다양한 프로그램 개발에 기
여하고 참여한 유능한 컨설턴트이다. 그는 심오한 고민과 철학적인 성
찰을 바탕으로 100만 개가 넘게 축적된 리더십 다면 진단 데이터를
면밀하게 분석하였다. 또한 지난 30여 년간 링키지사와 함께 한 세계
적인 리더십 대가와 석학들과의 공동 프로젝트를 통해 리더십 이론
에 대한 고찰을 다각적인 면에서 할 수 있었다. 이것을 토대로 이 책
『BECOME』을 완성하였다.

 그가 말한 대로 리더십은 참으로 복잡한 기술이며, 다이아몬드보다
더 많은 면을 가진 것이 분명하다. 주로 한국의 조직 현장에서 리더십
개발 컨설턴트로 일한 나의 경험을 보더라도 그렇다. 그 복잡한 기술을
개발하기 위해 '역량'이란 개념으로 수많은 최고경영자와 리더십 개발
전문가들이 엄청난 땀을 흘리며 노력해 온 것이 사실이다. 이 책의 중
심 개념인 '목적의식 있는 리더십'은 그러한 역량 중심의 리더십 개발
에 대한 처절한 성찰과 검증을 통해 재탄생한 것이다.

 '역량'이란 중심 개념에 초점을 두고 리더십 기술을 학습하여 왔고
리더십 육성의 중심엔 언제나 역량이란 개념이 자리 잡고 있었다. 그
결과 최근에는 역량 무용론까지 주장하는 전문가부터 대체할 수 있는

다른 대안이 없기에 역량을 마지못한 대안으로 받아들이는 전문가들도 있다. 하지만 분명한 것은 수년 동안 엄청난 투자 대비 얻게 된 효과가 매우 긍정적이었다고 선뜻 말하지 못하는 것은 무엇일까? 역량이 근본적인 리더십 방향에 대한 대안이었던 것일까? 그렇지 않다면 어디서부터 출발하여야 할 것인가? 그것의 핵심 요소는 무엇일까? 리더는 왜 이끄는가? 그 동기는 무엇인가? 라는 질문으로부터 이 연구는 출발하였다.

『BECOME』의 출발점인 목적의식은 리더십의 본질과 근원적으로 밀접하게 관련 있다. 리더십 개발 전문가 중의 한 사람으로서 적어도 지난 5년간『BECOME』의 완성을 갈망하고 있었다. 리더십 개발에 대한 갈증을 가지고 있는 많은 독자들도 이 책을 원하고 있었을 것이다. 적어도 역량이란 틀에 충실하면서도 오랫동안 가능성을 추구하거나 새로운 리더십 대안에 대한 갈증을 가지고 있던 분들에게는『BECOME』이 오랜 가뭄 끝에 내리는 단비와 같은 느낌을 줄 것으로 믿는다.

또한『BECOME』을 통하여 독자들은 배우고 느끼고 도전할 것이다. 새로운 방식으로 리더십을 갱신하고 몰입하는 비결에 대해 공감할 것이다. 또한 리더십에 '왜 why'가 있을 뿐만 아니라 '어떻게 how'가 있는지에 대해 느끼고 공감할 것이다. 목적의식 있는 리더들의 투명성과 자기관리가 어떻게 사람들을 이끌어 가는지에 대한 새로운 관점을 부여해 줄 것으로 믿는다.

번역하는 동안 행간들을 파악하면서 나는 이 책은 목적의식 있는 리더들이 어떻게 사람들에게 영감을 부여하고, 몰입하며, 새로운 시도를 하면서 성취하며, 자신은 물론 주변의 이해관계자들과 함께 더불어 성장하는지에 대한 여정을 명확하게 보여주고 있다고 확신한다. 책의 원제인 'Become'이란 용어를 번역하면서 많은 고민을 하였다. 이 용어의 함축적인 의미를 '벼는 익을수록 고개를 숙인다'는 말처럼 내적인 깨달음, 성장하고 성숙하는 과정의 의미로 해석하였다. 타인에게 귀감이 되는 리더로서의 성장의 과정이 중요하다는 의미로 받아들여 '성장하다'는 용어로 선택하였다. 이 책에 함축되어 있는 의미들을 조직이나 삶의 현장에서 실천에 옮기고 또 적용하는 과정을 통해 리더십은 조약돌처럼 더 다듬어지고 또 성장하여 열매 맺음을 하게 될 것으로 믿는다.

Contents

왜 목적인가?

문제의 진실은 '가장 먼저' 완성한 사람들이
실제로 첫 번째로 출발하지 않았다는 것이다.
그들은 자신이 좋아하는 일을 하기로 했고,
그렇게 함으로써 그들이 가장 먼저 하는 일이 된 것이다.

– 콘돌리자 라이스 Condoleezza Rice , 前 미국 국무장관

우리에겐 왜 리더가 있을까?

리더의 가치는 무엇인가? 리더는 실제로 어떤 목적을 가지고 사람들에게 봉사하는가? 리더는 다른 곳에서는 얻을 수 없는 사람들에게 무엇을 제공하는가? 리더는 어떻게 그 사람들에게 특별함을 제공하는가?

리더십은 그렇게 쉽게 이해되지 않는다. 리더십 효과에 대한 행동강령 code 이 있다면, 그것은 생각, 행동 또는 행동의 단어로 구성된다. 어쨌든 많은 조직에서 리더십은 문서로 작성된 행동강령 없이 개발되었으며, 시간이 지남에 따라 이끄는 방법에 대한 암묵적인 이해로 발전했다.

문서로 된 행동강령이 존재하지 않는다는 것은 아니다. 두 가지 예를 들기 위해 미 육군과 미 해군은 수십 년 동안 사람들을 이끌기 위한 행동강령을 작성했다. 그들은 무력 충돌에 관한 기술technology 과 규칙rules 이 발전함에 따라 때때로 그 강령을 개선했다. 세계의 많은 조직도 그들의 리더십에 대한 특정 원칙principles 을 만들었다. 또한 세계 경제, 기술, 세대 및 조직의 가치 변화에 적응하면서 시간이 지남에 따라 그런 원칙을 개선하였다. 그러나 전반적으로, 이들 조직의 대부분은 실무자가 자신의 상황을 개선하기 위해 게임의 규칙을 어기고 이해된 것보다 더 편리한 것이 무엇인지 발견함에 따라 행동강령에 어느 정도의 기록되지 않은 점진적 변화가 있었음을 경험했을 것이다. 그리고 지식을 전달하기 위한 언어적, 시각적 특성들은 한 리더에서 다른 리더들에게 이어짐에 따라 상당한 양의 지식을 세대에서 세대로 전달하는 과정에서 잃어버리게 된다.

일부 조직은 리더십 규칙rules 이 결여되어 있다. 이러한 조직은 실제로 자신의 방식으로 일을 하는 수백 명의 리더가 만든 무정부 상태에서 성장하고 발전할 수 있다. 이러한 조직에는 미국 서부 개척 시대와 같은 일종의 리더십이 있으며, 속도가 매우 빠르거나 속도가 매우 느린 비효율적인 리더를 제거하는 분류 방식이 있다. 조직에 리더십 규칙rules 이나 원칙principles 이 없는 경우 훌륭한 리더를 나쁜 사람과 분간하는 것이 어려울 수 있다. 문서로 된 리더십 규칙이 없이도 현재 진행 중인 모든 사항을 수용할 수 있도록 표준을 신속하게 변경할 수 있다.

조직에 리더십 원칙이 있으면 조직의 신뢰성은 이들 표준을 유지할 수 있을 것이다. 이것은 결과를 얻는 좋지 못한 리더, 결과를 얻지 못하는 예외적인 리더, 또는 결과를 얻기 위해 프로세스를 따를 수 있는 리더 등 다루기가 불편할 수 있는 다양한 문제를 야기할 수 있다.

우리는 20년간 360도 피드백을 통해 축적된 데이터를 분석할 때 리더십 가치^{역자 주 : 리더십 행동을 통해 얻게 되는 효과성}를 대체할 수 있는 대안을 찾아야 했다. 다시 말해, 리더를 효과적 범주로 분류하려면 어떤 기준이 필요했다.

데이터베이스를 기반으로 누가 효과적이고 비효과적인지를 이해해야 했다. 참가자가 받은 결과값을 기준으로 가치를 평가한 다음 행동을 효과성과 상호 연관 지어 매우 명확한 답을 찾았다. 가치가 높은 리더는 비전, 전략 및 목표를 통해 조직을 이끌어간다. 리더의 가치는 조직을 설계하고, 구체화하고, 활력을 불어넣고, 조직의 열망, 즉, 비전, 사명, 전략, 목표 및 목적을 실현하는 능력에 있다. 다시 말해, 리더는 목적을 이끈다. 리더는 조직의 열망과 목표를 가지고 있다. 그들은 항상 그것들을 만들 필요는 없지만, 그것을 소유하고 그것을 달성하기 위한 계획과 방법을 만들어야 한다.

우리가 찾은 해답을 완전히 믿고 싶었던 만큼 이 통찰력을 발견한 것 자체가 관심을 불러일으켰다. 우리의 학문적 연구는 그렇게 확실하지 않았으며 리더십에 대한 이러한 측면을 언급한 적이 없는 유명한 작가와 전문가들이 많이 있었다. 놀랍지만 아직 검증되지 않은 이 중요한 데이터는 무엇일까?

우리는 리더십 전문가 집단을 구성하고 그들에게 가치에 대한 의문을 제기했다. 우리는 여러 번에 걸쳐 리더가 전략 또는 회사의 방향,

기능, 팀 및 목표를 설정하는 사람이라는 기본 아이디어에 대해 몇 가지 차이점을 들을 수 있었다. 사용된 단어는 때때로 모호하고 때로는 혼란스러웠지만 여전히 유사한 범주 안에 있었다. 리더는 조직의 목표를 만드는 사람이라고 한다. 어떤 사람들은 리더는 모든 사람이 느끼는 것을 공유 목표라고 분명히 말하고 의사소통하는 사람들이라고 말했다. 리더는 궁극적으로 조직의 목표 설정 프로세스와 그 결과를 책임진다.

전문가 집단의 가장 논리 정연한 한 사람의 말을 인용하면, "리더들은 그들만의 확실한 특성이 있다. 그들은 왜 그들이 이끌어 가고 싶어 하는지 안다. 그들은 달성해야 할 무언가에 대한 강한 감각이 있다." 어떤 사람들은 이것을 거의 영적 spiritual 인 용어로 말했다. 어떤 사람들은 마치 자신이 우리에게 무엇을 말하고 있는지 이해하지 못하는 것처럼 이를 전문 용어로 전달했다. 어떤 사람들은 그 아이디어를 지지하고 우리에게 설득하려고 했다. 리더들은 개인적인 목적을 가지고 있다. 리더는 지속해서 선택을 하고, 최고의 리더는 자신의 목적이 조직의 미션과 어떻게 연결되어 있는지를 파악하며 조직을 이끈다. 최고의 리더는 그들이 어디에서 리더십을 발휘하고 있는지, 그리고 그들이 어떻게 그곳에 있는지에 대해 목적의식을 가진다. 주제는 이제 분명해졌다.

모든 사람이 '목적 purpose 또는 목적의식 있는 purposeful'이라는 단어를 사용하지는 않았다. 우리는 의도 intention, 동기 motive, 계획 plan 등과 같은 용어의 가능한 모든 조합과 행렬에 대해 들었다. "그들은 우리 회사에서 가장 주의 깊은 사람이다."라는 말과 같이, 우리는 또한 리더가 꿈을 꾸거나 머릿속에 이상적인 것이 있다는 다양한 면에 대해서도 들었다. 우리가 들었던 것은 효과적인 리더들은 독특하고 역동적인 환경에서 조직의 사명과 연결된 개인적 목적 감각이 있다는 것이다.

예상하지 못했던 리더

목적의식 있는 리더라는 이 아이디어로 인해 내 인생에서 관찰한 강력한 리더들을 생각해 볼 수 있었다. 젊은 시절, 배우자와 어린 딸들과 함께 매사추세츠주의 작은 마을로 이사를 갔는데 우리가 이사한 도시는 주에서 소득이 가장 높은 곳 중 하나로 여겨지는 그런 작은 동네였다. 이곳은 직업, 교육의 질, 삶의 질 등은 직접적으로 혜택을 보지 못하거나 세금 부담을 낮추는 것에 투표한 노인들의 영향력이 컸다. 학교는 훌륭했지만 빠르게 쇠퇴했고 교사들은 급여에 실망을 느끼고 자신의 주머닛돈으로 물품을 사야 했다. 운동장이 없었고 대부분 소년이 사용할 수 있는 작은 놀이 공간만 몇 개 있었다.

우리 중 일부는 할 수 있는 일에 초점을 맞추었다. 그중 자동차 정비공을 아주 좋게 기억하는데, 그는 아이들을 위한 운동장에 대해 사람들과 이야기하기 시작했고 사람들을 참여하게 만들었다. 목표를 설정하고 운동장 아이디어에 대해 즉각적으로 실행에 착수하게 되었다. 공식적인 훈련이나 경험이 없었지만 그는 리더가 되었다. 그는 마을 지자체 회의에서 자금을 지원받았고 마을에 살았던 유명한 건축가의 문을 두드려 운동장을 설계할 것인지 물었다. 테니스 코트 설계자인 그 건축가는 그의 요청을 거절했지만 어린이 놀이터를 전문으로 하는 다른 사람을 추천해주었다.

우리의 리더인 자동차 정비공은 남쪽으로 차를 몰고 가서 그 건축가의 문을 두드렸다. 그들은 운동장 마련의 필요성, 작업 과정 및 자금에 대해 논의했다. 자동차 정비공은 마을의 아이들이 이끄는 운동장 기금 마련 아이디어를 가지고 마을로 돌아왔다. 그는 모든 아이들과 부모를 설득하여 운동장을 조성하고 기금을 마련하는 일에 참여하도록 독려하였다. 그는 리더십 역할을 발휘하여 사람들을 동원했고 지역 방위군 건설 부서가 운동장을 세우는 데 도움을 줄 것이라고 확신했다. 그는 우리 모두에게 정보를 제공했고 아이들이 동전을 어떻게 기부하는지 이해하도록 도와주었다.

건축가는 온종일 자유로운 디자인 부서에서 아이들과 함께 놀이터를 디자인하고 설계했다. 동전은 계속 늘어났다. 날짜가 정해졌고, 경비대가 주 도로로 내려가고, 150명이 넘는 자원봉사자들이 건설을 하는 놀이터가 이틀 만에 올라갔다. 목표를 달성하기 위한 수용성, 주인의식, 그리고 목표를 수행하기 위한 조직은 리더십이 작동하는 방식으로 정비되었다.

마을이 종합계획에 의해 운동장을 설치하고, 자금을 지원하고, 입찰에 참여하고, 건설 회사에 입찰을 부여하였다면, 자동차 정비사는 리더로서의 첫 번째 선택이 아니었을 것이다. 마을 사람들은 지역 행정에 대한 경험이 없고, 스포츠 및 레크리에이션 관리에 대한 경험도 적으며, 이 마을에서 잘 알려지지 않은 사람인 이 정비공을 선택하지 않았을 것이다. 아마도 리더는 이 도시의 행정 직원 중 하나, 또는 정부 기금과 관련된 건축 프로젝트를 처리하는 데 필요한 경험이 있는 사람이었을 것이다. 그리고 운동장은 단순하고 실용적이었을 것이다. 자동차 정비사는 최고의 선택이 아니고, 가장 강하지도 않고, 가장 경험이 많은 이 도시의 리더가 결코 아니었다. 그는 아마도 마을 운동장에 대해 생각하지 않았을 것이다. 그러나 시스템의 불균형을 본 사람이었으며 목표를 분명히 한 사람이었고 우리 모두의 목표와 연결된 개인이었다. 그는 열정을 가지고 리더로서 역할을 하고자 약속을 하였다. 전형적인 리더는 아니었지만 리더로서 이해관계자들을 이끌었다. 그는 열정적으로 하고 싶었고 혼자서는 할 수 없었던 일이었기에 우리 모두를 성공적인 과정에 참여시켰다. 그는 목적이 있었다.

마음속의 리더십 게임

우리는 모두 마음속에 리더의 이미지를 가지고 있다. 우리는 이야기, 전설 및 신화뿐만 아니라 영화, TV쇼 및 생활에 기반을 둔 편견과 선호도를 갖고 있다. 어느 시점에서 우리는 모두 리더가 가장 키가 크고, 가장 강하고, 잘 생기고, 가장 똑똑해야 한다는 비슷한 생각을 하는 것 같다.

미디어에서 나타나는 전형적인 리더의 모습은 이러한 생각을 더 강화한다. 그것은 리더십에 대한 편견이고 제한된 견해이다. 또한, 리더십에 대한 관점에서 목적 지향적 목표에 대한 아이디어가 반드시 포함되는 것은 아니다. 우리 대부분은 리더의 이미지를 리더의 궁극적인 개념과 연결하며, 그 이미지에는 리더십의 핵심인 보이지 않는 무형의 이미지가 포함되어 있지는 않다. 우리는 리더의 이미지에 대한 고정관념을 바꿔야 한다.

리더는 의도적인 노력으로 사람들을 이끄는 사람이다. 우리는 리더의 외모와 신장, 성별 등의 외적인 요소를 파악할 수 있지만 리더의 내적 목적, 헌신 및 용기는 눈으로 보이지 않기 때문에 알 수 없다. 그렇기 때문에 리더는 말과 행동을 통해 자신의 내적 요소와 가치를 공유해야 한다. 리더가 항상 최고의 리더십 결과를 가져오지는 않지만 그 결과는 리더의 자질에 의해 좌우된다.

리더십에는 '보기 look'가 없다. 당신은 리더가 될 수 있는 옷을 살 수 없다. 리더십 효과를 높이는 머리 스타일은 없다. 당신을 자연스러운 리더로 만들어 줄 특정한 성격 유형은 없다. 예절 학교는 당신을 더 나은 사람으로 만들 수 있지만, 리더로 만드는 것은 아니다. 리더가 되고 싶다는 순수한 야망은 항상 이루어지지 않는다. 조직에서 사다리를 올라가면 리더 역할을 할 수 있지만 반드시 리더가 되는 것은 아니다. 마찬가지로, 조직적인 게임을 하는 것적합한 훈련 기회를 얻고, 멘토를 구하고, 리더십에 대한 경험을 쌓는 대로 모든 것을 하는 것은 리더가 되기 위해 필요한 것이 아닐 수도 있다.

현재 리더의 이미지는 불완전하고 잠재적으로 잘못된 리더십의 모습을 반영한다. 진정한 목적의식을 가진 훌륭한 리더들이 우리의 이미지나 리더십에 맞지 않기 때문에 얼마나 많이 옆으로 버려졌는가? 운동장의 리더로서 자동차 정비공을 거부했다면 그 작은 마을에서 무슨 일이 있었을까?

비즈니스 세계에서 많은 훌륭한 리더들을 만날 수 있는 특권을 가져 그들을 만나볼 수 있었는데 그들은 내가 가르쳐준 것보다 더 많은 것을 가르쳐주었다. 나의 리더십 과제에 그들의 교훈을 적용했다. 종종 더 나은 결과를 가져왔지만 그렇지 않은 경우도 있었다. 리더가 조직에 미치는 영향은 엄청나다. 나는 리더십 영웅들을 알고 있다. 프란세스 헤셀바인Frances Hesselbein은 걸 스카우트의 변화를 주도했으며 사관학교 West Point Academy에서 리더십 교과 과정을 수정하려고 시도하였다. 알란 물랄리Alan Mulally는 포드 자동차에 합류하기 전에 보잉사에서 상업 항공을 이끌었고 원래 건축가인 윌리엄은 하노버 보험회사를 이끄는 것을 보았다.

이 사람들은 비전을 달성하기 위해 사람들을 조직하는 방법을 통해 비전과 영감을 끌어냈다. 그들은 강한 목적의식에 의해 인도되었으며, 매일 목적, 신념, 윤리 및 판단으로 행동했다. 그러나 그들은 전형적인 리더의 이미지가 아니었다. 오늘날 이들을 영향력 있는 리더로 보고 있지만, 때때로 그들은 이상적인 리더와 일치하지 않는다는 사실로 어려움을 겪고 있다.

훌륭한 리더들, 그리고 내가 존경하는 다른 리더들은 외부의 기대에 대한 요구를 극복할 수 있는 강한 개인적인 목적이 있었다. 링키지사가 리더십을 중심으로 수행한 조사 결과는 다음과 같다. 리더들은 외부 기대에 굴복하지 않는다. 그들은 그들의 목적과 그 이유에 대한 믿음으로 외부 기대를 뛰어넘는다. 전문가 패널은 "실제로 효과적인 리더들은 그들의 신념에 대한 용기를 가지고 있다"라고 진심으로 확고하게 말했다.

목적의식 있는 리더들은 다른 사람들과 다르지 않다. 리더십에는 비밀 코드가 없다. 그러나 무언가는 내면으로부터 솟아 나온다. 리더가 되는 사람들은 매일 자신이 세상에서 보는 것, 보고 싶지 않은 것, 좋아하는 것, 그리고 세상에서 무엇이 바뀌어야 하는지에 대해 질문을 하기 시작한다. 목적의식 있는 리더들은 종종 질문한다.

달성하고자 하는 것이 있는가? 마음속에 해결해야 하는 과제가 있는가? 해결해야 할 문제가 있는가? 일을 시작했는가? 불타는 듯한 강한 의욕을 불러일으키는 당신에게 무슨 일이 일어났는가? 누구랑 같이 있는가? 이 목표를 달성하기 위해 무엇을 변경해야 하는지 명확한가? 이러한 시도를 하는 데 도움이 되는 것은 무엇인가? 사람들인가? 필요한 기술인가? 재정적 자원이 있거나 확보해야 하는가? 시작하지 않았다면 무엇을 시작하지 못한 것인가? 중요한 기술이 누락되었는가? 조직의 일원이며 승낙이 필요한가? 조직 전략의 일부가 아닌가? 거기에 자신을 두는 것이 불안한가? 너무 위험한가? 그것은 당신이 엮이고 싶지 않은 조직의 누군가와 충돌하도록 설정되었는가? 이것을 따르면 친밀한 사람들이 취하는 것과 다른 방향으로 움직이게 될 것인가? 이 문제로 친구를 잃을 수도 있다고 생각하는가? 당신은 당신이 실패할 수 있다고 생각하는가? 시작하는 방법을 잘 모르는가?

리더들은 팀에서 발생하는 일, 기능, 비즈니스 및 그 차이를 좁히는 것이 목표가 되는 것을 본다.

리더는 타고나지 않는다. 그들은 스스로의 경험을 통하여 만들어진다. 경험은 일련의 외적인 기술과 관행을 주도하지만, 더 중요한 것은 내적 동기 또는 목적을 주도한다는 것이다. 리더십은 우리 모두에게서 개발될 수 있다. 공통된 지혜와 달리 우리는 모두 리더들이다. 우리가 다른 사람들이 따를 수 있는 목표를 세우면, 비록 우리가 끔찍한 경우에 처하더라도 리더 역할을 수행할 수 있다. 리더와 목표를 구별하기가 어려운 경우가 있다. 기업이라고 불리는 사람들의 광대한 동굴에서도 리더십은 매우 개인적일 수 있다. 그러나 사회적이기도 하다. 리더십은 팀 스포츠이다.

오래된 아프리카 속담이 있는데, "빨리 가고 싶다면 혼자 가라. 그러나 당신이 멀리 가고 싶다면 함께 가라"이다. 리더십의 가치를 더하려는 대부분의 시도 과정에서, 당신은 멀리 나아가 미래 비전을 달성하려고 노력하고 있다. 작은 마을에 운동장을 짓는 것조차도 다년간의 프로젝트가 될 수 있으며 한 사람보다 많은 전문 지식과 기술이 필요하다. 다양하고 큰 목표에 도달하기 위해 한 부류의 사람들을 이끌도록 배우는 것은 평생의 여정이다. 리더는 자신의 목적 달성을 약속하고 의사결정 과정에서 자신 있게 다른 사람들에게 미치는 영향을 인식해야 한다. 또한 목표에 도달하는 데 도움이 되는 보완적이고 필요한 기술과 지식을 가진 다른 사람들과 교류할 수 있어야 한다.

리더십은 시간이 지남에 따라 가치가 더해지는 특징이 있기 때문에 장기적으로 노력하는 것이 중요하다. 리더는 목표나 비전을 추구하여 참여하는 사람들을 몰입하도록 한다. 책을 읽는 것으로 리더가 되지는 않는다. 이 책은 리더로서 개발하기 위해 무엇을 목표로 삼아야 하는지를 제시할 것이다. 자신이 최고경영자인지 실무자인지는 중요하지 않다. 자기 비전의 영감을 향상함으로써, 참여하고 싶은 사람들에게 자신의 비전을 연결함으로써 효과가 있을 수 있다. 또한 사람들을 조직하고 구성하는 방법을 배워서 개선 또는 변경이 필요한 조직의 주요 영역을 대상으로 하며, 자신의 목적을 찾고 활용함으로써 효과를 얻을 수 있다.

경험이 없고 훈련을 받지 않은 사람들인데 훌륭한 리더의 임무를 수행하는 사람들도 있다. 이들은 영감을 받고, 영감을 불어넣고 사람들에 대해 깊은 관심을 두고, 사물이 어떻게 달라야 하는지를 실제로 생각하고, 다른 사람들과 어떻게 연결해야 하는지를 알고 있는 사람들이다. 그들은 자신보다 더 큰 목적을 위해 헌신하고 용기 있고 자각하며 약속을 지키는 사람이다. 많은 실수를 하지만, 사람들에게 강력하게 말하고 다른 사람들을 그들의 목적 범주 안으로 참여시킨다.

이 특별한 사람들은 목적의식 있는 리더십을 이해하기 위해 링키지가 연구하고 학습한 사람들이다. 이들은 또한 영감을 받고 있으며 회사에서 리더 역할을 담당하는 개인도 있다. 이 사람들은 의도한대로 새로운 아이디어를 자유롭게 개진하는 사람, 소통이 부족한 사람, 사회적으로 미성숙한 사람, 잘못되었거나 다른 사람들의 기대에 대해 끊임없이 걱정하고 있는 사람들이다. 그들은 자원을 활용하여 이러한 혼란에서 벗어나고 변화를 만들어 가는 사람들이다. 또 이 리더들은 안정된 사람이다.

이 책이 리더십에 대해 다르게 생각하는 데 도움이 되기를 바란다. 10만 명 이상의 리더에 대한 데이터를 분석, 6년간의 연구, 리더십 문헌에 대한 철저한 검토, 해당 분야의 최고 리더십 전문가와의 인터뷰, 100개가 넘는 모범 사례 및 리더십 역량 모델 구축을 위한 여러 프로젝트 연구 결과를 바탕으로 집필하였다. 또한 리더를 관찰하고 연구하며 자신의 리더십 여정에 적용하기 위한 경험과 아이디어에서 비롯된 것이다. 리더십은 집단의 노력이 필요하므로 수십 명의 리더와 인터뷰하여 그들의 리더십 여정에 대해 배우고 리더십에 대한 통찰력을 얻었다. 이 책에 포함된 사람들은 모두 리더십에 대해 매우 호기심 많은 학습자라고 말할 수 있다.

목적의식 있는 리더들이 그들의 도전에 직면하는 방식을 기술하도록 몇 개의 장별로 구성되어 있다. 이 책은 목적의식 있는 리더가 되기 위한 끊임없는 고민에 관한 것이다. 이 책의 모든 아이디어가 당신에게 도움이 되는 것은 아닐 것이다. 그러나 아이디어의 기본 원칙 또는 핵심은 의심의 여지가 없다. 자신이 누구인지, 자신의 상황에 맞는 아이디어를 가장 잘 적용하는 방법에 대해 깊이 생각하고 있다면 도움이 될 것이다. 가장 단순한 리더십 도전과제조차도 상당히 복잡한 상황을 불러일으킬 수 있다. 결국, 당신은 리더로서 어떤 모습을 보여주고 싶은지를 결정해야 한다.

목적의식 있는 리더십

우리의 연구에서 우리는 한 사람의 리더십에 대해 5가지 핵심요소가 있음을 발견했다.

1. 비전이나 목표를 향해 사람들을 고취시킴
2. 비전이나 목표를 달성하기 위해 변경하거나 혁신해야 할 사항에 대해 명확화

3. 비전과 목표에 의미있는 기여를 하기 위해 숙련되고 지식이 풍부한 이해관계자 참여

4. 성공적 수행을 위하여 사람들을 팀이나 그룹에 배치하여 구조를 조직하고 제공

5. 헌신적이고 용기 있고 자각함으로써 가치있는 리더가 되기

진단도구 활용 – 당신은 어디에 있는가?

목적의식 있는 리더십 진단 모델을 통하여 자신이 현재 어디에 있는 지를 측정하는 것으로 시작한다. 다면 진단을 통하여 목적의식 있는 리더십을 습득하고 이해하는 데 도움이 될 것이다. 또한 이 진단도구를 통하여 이 책의 내용을 이해하고 5가지 핵심요소를 실천하는데 직접적인 도움이 될 것이다.

이 진단의 결과는 현재 리더인 자신의 행동을 주변 이해관계자들의 의견을 수렴하고 반영하는 것이다. 진단결과를 얻게 되면 리더십 개발이 필요한 곳과 리더십 능력을 키우기 위해 경험이 필요한 곳을 잘 알 수 있다. 우리는 리더십 스킬로 당신을 도울 수 있지만, 경험으로는 도울 수 없다. 함께 일하는 사람들과 시간을 보내며 이들 중 일부에 대해 자신이 얼마나 잘하는지 물어보기를 권한다.

리더가 성장함에 따라 고려해야 할 여러 차원이 있다.

- 문제와 기회를 보거나 인지하고 전략과 해결책을 찾는 데 중점을 둔 인지적 또는 지적 측면
- 사람, 팀, 조직 및 글로벌 문화와의 협력에 초점을 둔 사람 또는 경험적 측면
- 리더가 되는 데 있어 자신의 철학 또는 리더십 원리 때때로 '지혜'라 불림, 기준 또는 가치, 개인적 목적의식 및 그에 대한 약속이라는 개인적 측면

또한 대기업, 소규모 사업부, 팀 또는 셀프 리더가 되고자 하는지 고려해야 한다. 본질적으로, 목적의식 있는 리더십은 집단을 이끌어가는 방법에 관한 것이다. 조직이나 업계에서 제공하는 다양한 유형의 리더십을 경험할수록 자신의 원칙은 시간이 지남에 따라 바뀔 것이다. 목적의식 있는 리더십에 대한 우리의 아이디어는 모든 범위, 모든 규모의 리더십에 적용된다. 우리의 연구 프로젝트는 글로벌 리더, 대기업 임원, 기업가, 기업 리더, 공동체 리더, 프로젝트 리더, 팀 리더 및 철학적 리더를 대상으로 했다. 그러나 당신은 당신의 리더십에서 더 앞으로 나아가기를 원한다. 실천, 피드백, 성찰, 새로운 시도를 하다 보면 처음에는 불편할 수도 있지만, 반복하여 실행함으로써 더 나은 리더가 될 수 있다고 믿는다.

다음 몇 장에서 우리는 리더십을 획득하고 개발하기가 왜 어려운지 1장 와, 배우기가 어려운 이유 2장 에 대해 이야기할 것이다. 그런 다음 영감을 불러일으키는 목표 설정 3장 의 중요성부터 시작하여 목적 4장 과 연결되는 5가지 목적의식 있는 리더십의 각 핵심요소에 대해 살펴볼 것

이다. 그런 다음 리더십 원칙에 따라 자신의 목표를 연결하여 그 목표를 달성하도록 도울 것이다. 항상 리더십을 가지고 자신의 비전에 다른 사람들을 참여시키고, 자신과 함께 일하는 사람들의 삶에 긍정적인 변화를 주기 위해 그들이 몰입할 수 있도록 도울 것이다 5장. 그런 다음 혁신 또는 변화의 형태로 목표를 달성하는데 필요한 것을 탐구한다. 큰 목표를 설정했다면 현재 상황을 크게 바꿔야 한다 6장. 그런 다음 우리 모두가 리더로서 가지고 있는 핵심 딜레마에 대해 간단히 살펴볼 것이다 7장. 이를 통해 사람, 프로세스 및 기술의 성공을 위한 공식으로 구성하는 방법을 알 수 있다 8장. 그리고 우리는 목적을 가지고 이끌어가는 힘과 그 힘을 어떻게 모아야 하는지를 살펴보겠다 9장과 10장.

우리는 세 명의 젊은 리더를 리더의 역할 모델로 선정하여 사례 중심으로 전개할 것이다.

제임스 James, 프리야 Priya, 제인 Jane 은 목적의식 있는 리더십에 대한 각 핵심요소가 실행됨에 따라 어떤 모습을 보이는지를 보여줄 것이다. 마지막 장에서는 시간이 지남에 따라 각각의 리더십 여정이 어떻게 되었는지에 관해 설명할 것이다. 마지막으로, 각 장에는 리더십 효과를 높이기 위한 수단으로 자신에게 물어보거나 다른 사람들과 교류할 수 있는 일련의 탐색 질문이 있다. 이를 활용하여 실제 자신의 리더십 행동에 대한 체크리스트로 활용해 보길 권한다.

우리는 당신이 자신의 리더십 여정에 목적을 갖도록 초대한다.

PART
1
리더십 진단
LEADERSHIP
ASSESSMENT

1장

리더십에 대한 갈증

....

리더십은 매력적인 비전, 포괄적인 계획을 세우고,

끊임없는 실행을 하면서 재능 있는 사람들과 함께 하는 것이다.

– 알란 물랄리 Alan Mulally , Ford Motor Company 前 CEO

리더십 정의

1989년에 남가주 대학 University of Southern California 의 경영학과 교수인 워렌 베니스 Warren Bennis 는 리더십에 관한 책인 『리더가 되는 것 On Becoming a Leader』을 출판했다. 이 책은 새로운 연구 영역뿐만 아니라 이 새로운 주제인 리더십 분야를 창조했다. 그는 조직개발에 관한 연구소인 보스턴의 MIT 대학에서 일하고 가르쳤다. 그는 팀에 관한 연구를 위해 많은 에너지를 소비했다. 그리고 관리자로 근무하고, 이후 신시내티 대학교 University of Cincinnati 의 총장이 되었고 이때 어려운 상황을 맞게 되었다. 그는 심장 마비를 겪은 후에 남가주 대학으로 자리를 옮겨 경영학과 교수로 재직했다.

그의 핵심 아이디어는 리더가 자신의 이야기를 작성하고 경험을 통해 배우며 비전을 실현할 수 있도록 다른 사람들에게 권한을 부여하고 조직화한다는 것이다. 통찰력과 연구를 통해 현대의 복잡성, 변화 및 정보 과부하로 인해 새로운 유형의 리더십, 즉 민주적인 또는 분산적인 리더십이 필요하다는 결론에 도달했다.

모든 종류의 리더가 있다. 사람과 에너지를 통해 생명을 얻는 비전과 목표는 리더와 리더십을 만드는 것이다. 리더십은 조직의 서열, 직책, 역할 또는 직급 이상이다. 한 그룹의 사람들이 무언가를 성취하려고 노력한다면, 그 그룹에서 존경과 신뢰를 받는 리더가 있을 것이다. 리더는 목표에 전념하고 사람들을 모아 목표를 달성하는 사람일 것이다. 우리는 수백 가지의 리더십 정의를 찾을 수 있지만, 하나의 정의는 본질적인 리더십을 정의하고 있다. '리더십은 다른 사람들이 공유된 목표를 향해 구조화된 방식으로 일하도록 움직이게 하고 몰입하도록 하는 것이다.'

일부 리더들은 사람들을 참여시키기 위해 영감을 불어 넣고 어떤 긍정적인 상상을 불러일으키는 의사소통 방법을 사용한다. 어떤 사람들은 자신의 참여를 통하여 영감을 주는 역할 모델이 되기도 한다. 또 어떤 리더들은 사람들과 협력하여 일들이 조직화되고 구조화되는 방법을 명확하게 만든다. 이 세 가지를 모두 사용하는 리더들도 있는데, 우리는 '목적의식이 있는 리더들 purposeful leaders'이라고 부른다. 다양한 산업 분야에서 리더들을 관찰하고 연구한 몇 년 동안, 나는 리더가 단지 스킬을 가지고 있는 것이 아니라는 것을 알았다. 그들은 5가지 기본 책임에 귀 기울이고 가치를 부여하고 있다.

- 리더는 다른 사람들이 참여하도록 동기를 부여하는 목적과 비전을 가지고 있다.
- 리더는 모든 팀원이 최고의 능력을 발휘할 수 있도록 몰입시킨다.
- 리더는 경쟁 차별화 또는 비전에 혁신적인 방법을 만드는 새로운 사고와 창의적인 기회를 주도한다.
- 리더는 조직을 구성하여 인적 자원을 조직화하고 자원을 조정함으로써 결과를 달성하도록 돕는다.
- 리더는 헌신, 용기, 자기 인식 및 존중과 참여를 통해 다른 사람에게 최고를 끌어낼 수 있도록 스스로 변화하고 성장한다.

다시 말해, 고취하고 inspire, 몰입하고 engage, 혁신하고 innovate, 성취하고 achieve, 성장하는 become 것이다. 어떤 리더라도 이 다섯 가지 핵심요소에 모두에 헌신해야 한다. 그러나 어느 특정한 한 가지 규모에 적합한 리더십 스타일이나 프로세스는 없다.

세 리더들

서론에 언급된 세 리더를 소개한다. 제임스 James 는 포춘 100대 기업의 마케팅 부문에서 약 70명으로 구성된 그룹을 이끌고 있다. 그는 회사와 자신 모두 성공하기를 원한다. 뛰어난 사람들을 채용하고 그들에게 많은 것을 요구하며 자신의 조직을 성공적으로 운영하고 있다. 지속해서 결과물과 수행과정에 중점을 둔다. 그러나 여기엔 뭔가 빠진 것이 있다. 평생 마케팅 담당자였지만 제품, 고객 또는 팀원들과 정서적으로 연결되어 있지 않았다. 자신보다 더 큰 목적에 헌신하지 않으며 그와 다른 사람들에게 영감을 주지 못하고 있다. 그의 리더십은 기계적이고 숫자 중심적이어서 다른 사람들이 부담감을 느낀다. 리더십에 관해서, 그는 사람들의 반응에 좌절하고 비전과 영감을 제시해달라는 요청을 받았을 때 상당한 짜증을 내비친다. 사람들의 업무에 대해 비판적인 경향이 있으며 종종 자신이 중요한 세부 사항을 관리할 수 있는 유일한 사람이라고 생각한다. 그는 자기 부서가 다른 부서에 비해 이직률이 상대적으로 높지만 다른 경쟁회사가 지급하는 높은 급여 때문에 이직률이 높다고 주장한다.

프리야Priya는 한 북미 건설 회사의 약 225명으로 구성된 대규모 사업부를 이끌고 있다. 그녀의 조직은 고객을 확보하고 프로젝트의 개발, 구축 및 보증을 담당한다. 프리야는 진정한 엔지니어링 분야의 비전가이다. 사람들에 대한 그녀의 기대는 다소 모호하고 까다로운 편이다. 그녀의 부서는 목표에 도달했을 때 수백만 달러의 수익을 창출하고 잘못되었을 때 수백만 달러의 비용을 발생시킨다. 그녀는 새로운 혁신적인 설계 및 구축 프로젝트에 지속해서 위험을 감수하고 있다. 또한 영향력 있는 아이디어를 제시하는 감각을 보이는 부서 직원을 발견하면 적극적으로 코치하고 멘토링한다. 그러나 그녀는 조직 시스템과 프로세스를 처리하는 방식에 대해 매우 무례하다. 이 모든 것에도 불구하고, 그녀는 자신이 하는 모든 일을 좋아하는 매우 헌신적인 구성원들을 끌어들인다. 그들은 회사 시스템을 개의치 않게 사용하고 대담하게 모방한다.

제인Jane은 자신의 조직을 위한 엄청난 콜센터를 이끌고 있다. 3교대 근무 중인 1,500명 이상의 직원이 그녀를 최고의 역할모델로 생각한다. 그녀는 따뜻하고, 전문성이 있고, 겸손하고 친절하지만 맺고 끊음이 확실한 성격이며 모든 직원을 개인적으로 알고 있으며 그들의 이름을 모두 알고 있다. 그러나 대부분의 사람은 일상적인 고객 전화 응대 외의 조직의 업무 처리방식이 약간 혼란스럽다고 묘사한다. 그녀는 모든 것을 과감하고 신속하게 처리한다. 사람들은 제인을 좋아하지만 업무에서는 그렇지 않다. 생산성 문제, 품질 문제, 좌절감이 쌓일 때 영웅은 그 하루를 구하기 위해 뛰어들지만, 제인은 그저 친목활동을 하며 부서를 운영하고 있다.

이 세 명의 젊은 리더 모두 관리 및 리더십 스킬에 대해 광범위하게 교육훈련을 받았으며 조직에서 높은 잠재력을 가진 핵심인재로 간주한다. 그들은 기술을 가지고 있으며 모두 5가지 리더십의 핵심요소 _{전 장에 언급한} 중 하나 이상의 요소를 중요하게 생각한다. 그러나 목적의식 있는 리더는 반복해서 중요하게 여기는 모든 핵심요소, 즉 고취, 몰입, 혁신, 성취 및 성장을 향한 모든 요소를 중요하게 생각하고 실천해야 한다. 그렇다. 이러한 요소를 구성하는 관행, 심지어 기술도 있지만, 목적 있는 리더는 다섯 가지 핵심요소를 더 잘 실행하기 위해 매일 노력한다.

가치있는 리더 파악하기

TV에서 비즈니스 잡지, 신문 및 뉴스 프로그램을 신속하게 검토해보면, 주요 회사의 이사회가 탁월한 리더의 이점을 찾고 식별하며 개발하고 활용하는 데 중점을 두고 있다는 결론을 도출할 수 있다. 투자자들은 결정에서 변동성, 불확실성 및 위험을 제거하기를 희망하면서 리더십 선택을 쉽게 할 수 있는 소프트웨어 알고리즘에 많은 투자를 하는 것 같다. 이러한 경영관리 도구는 정답, 가장 예측 가능한 답변, 자주 묻는 말에 대하여 가장 통제 가능한 답변을 제공하는 데 도움이 된다. 누가 리더가 되어야 하는가? 제임스, 프리야, 또는 제인이 이 알고리즘에서 효과적인 리더로 선택되는가? 리더십 개발, 승계 계획 및 인재 관리에 대한 투자 추정치는 전 세계적으로 연간 300억 달러_{약 35조 원}에 달한다.

회사는 복잡한 리더십 개발 시스템과 프로그램을 구축하여 제임스, 프리야, 그리고 제인의 성장을 촉진한다. 이러한 시스템과 프로그램은 리더의 올바른 사고방식과 행동을 끌어내고 비즈니스 성공을 가져올 문화와 환경을 조성한다.

하지만 이러한 시스템과 프로그램은 상당히 복잡하다. 이러한 리더십 개발 프로그램과 시스템의 대부분은 성인 학습 원칙_{실행을 학습으로 하는 데 초점을 맞추는}에 크게 의존하고 있다. 리더를 양성하면서 현장 실무를 통한 개발은 개인의 리더십 기능을 향상시키고 확장하도록 설계된 과제에 중점을 두는 것이 대부분의 조직에서 매우 중요하다. 각 과제는 잠재적 리더들이 언젠가는 모든 기능을 통합할 수 있다는 믿음으로 조직의 각 기능을 이해하고 관리역량을 향상하기 위해 선택한다. 덜 빈번하지만 여전히 많은 조직에서 고객, 산업, 경제, 글로벌 트렌드, 윤리 및 미래에 대한 리더의 이해를 넓히기 위해 설계된 활동을 하고 있다. 이 시스템의 일부로 기술을 습득하기 위한 교육 프로그램이 포함된다. 이러한 기술은 전략 개발, 재무 통찰력, 운영 관리, 변화 관리, 혁신, 커뮤니케이션 기술 및 의사결정뿐만 아니라 감성 지능, 영향력 및 코칭과 같은 것에 중점을 둔다.

미래의 리더들을 파악한 후에는 종종 리더십 개발 프로그램을 통해 리더들을 재배치한다. 제임스, 프리야, 제인은 다양한 수준의 효과적인 리더십 교육훈련을 여러 주에 걸쳐 이수하였다.

이들 세 리더는 사회, 문화 시스템 또는 정치 시스템, 비즈니스 시스템, 규제 또는 법률 시스템, 또는 지리적 시스템을 구성하는 모든 기능을 통합하는 기능을 구축해야 한다. 지정학적, 기술적, 주주 또는 의사결정 구조, 경제 및 경쟁 시스템 등을 그 예로 들 수 있다.

리더 개발 및 준비

회사는 또한 다음 리더가 될 사람에게 영향을 주는 방법으로 승계계획에 투자한다. 비즈니스의 가치 흐름과 회사의 다양한 기능을 통해 전환할 때 잠재력이 높은 개인을 식별하고, 평가 및 육성하는 프로세스가 있다. 이러한 승계 계획 시스템은 종종 여러 진단 객관적 및 주관적, 다양한 수준의 평가 및 연구, 개인의 성장을 보장하고 더 많은 책임을 질 수 있는 준비를 위한 개발 계획에 의해 지원한다. 대규모의 복잡한 조직을 관리하는데 필요한 능력을 갖추는 것은 이러한 프로세스를 통해 개발하려고 하는 최고의 리더십 능력이다. 제임스, 프리야, 제인 세 사람은 모두 예비 경영자로 확인되었다. 그들이 성장하고 조직 전체에 대해 더 많은 책임을 맡으면서 리더십의 복잡성과 격차는 더 증가할 것이다.

올바른 목표나 비전을 만들고 재능 있고 참여도가 높은 사람들을 찾고 계획을 개발하고 실행하는 것은 리더에게는 미래 조직의 인재를 육성하는 데 있어 큰 책임이다. 물론 대기업 리더의 실패율이 높다는 것은 이러한 승계 계획 프로세스가 실제로 얼마나 성공적으로 수행되는지에 대해 더 많은 검토가 필요하다. 분명한 것은 경영진은 미래에 투자할 사람을 선택하는데 엄청난 어려움에 직면해 있다는 것이다.

외형적으로, 그 기준은 먼저 비즈니스를 주도하는 사람이 최우선일 것이다. 둘째, 조직을 이끄는 사람이며, 셋째, 미래를 창조하는 사람일 것이다. 우리는 또한 인간의 의사결정은 편견과 관련이 있다는 것을 안다. 링키지에서는 이 승계 시스템을 가능한 한 객관적이고 공정하게 구축하는 것이 매우 중요하며 승계 시스템을 구축하는 과정이 복잡하고, 까다롭고, 어려워서 많은 생각이 필요하다는 것을 발견하였다. 다양한 후보자들이 승계 계획 회의에 참여할 때, 키 큰 백인 남성이 핵심인재라고 판단하는 것은 무엇인가 잘못된 것이다. 이는 상당히 잘못되었다. 마찬가지로, 후보 리더들의 명단이 식별되고 나서 잠재력이 높은 모든 개인들이 아무도 실제로 일하거나 따르기를 원하지 않는 사람들이라는 것도 크게 잘못된 것이다. 채용 시스템에 대해서도 마찬가지다. 조직 외부에서 채용할 리더들을 식별하는 것은 어려운 결과를 가져올 수 있으며 통계적으로 성공률이 낮다. 외부로부터 영입된 리더들 중에서 60%가량이 실패하는데, 그것은 우리가 외부로부터 인재를 채용할 때 우리의 채용 기준과 정의에 리더가 미치지 못하거나, 우리가 기준과 정의에 부합하지 않은 인재의 잘못된 특성을 먼저 보게 되기 때문이다.

리더십을 둘러싼 문헌연구는 위대한 리더가 되기 위한 모든 기준에 대한 추정, 예언, 학습된 추측으로 넘쳐난다. 기업의 경우 지배적 기준은 대개 투명성, 매출성장과 이익창출 등으로 언급한다. 이들 기준은 종종 다른 고려 사항보다 우선한다. 우리의 연구와 데이터에 의하면, 모든 리더는 인간이고 결함이 있지만, 다른 무엇보다도 구성원들이 있는 조직의 리더들이다. 사람들은 조직에서 비즈니스 성과를 창출한다.

하노버 보험회사의 윌리엄은 학습 조직 지지자이며 나의 초기 역할 모델 중 하나였는데 다음과 같이 말했다. "인적 자원이 재무적 자본을 견인한다 Human capital drives financial capital." 그러므로 리더들은 사람과 조직의 문화에 유익해야 한다. 때때로 경영진은 매출의 유혹으로 인해 야망, 강인함, 결단력의 파괴를 가져오게 될 수 있는 위험성을 간과하기 쉽다. 비즈니스 기술은 하드 스킬이고 리더십 기술은 소프트 스킬이며, 그 결과 소프트 스킬보다 훨씬 어려운 하드 스킬을 판단하기가 더 쉽다고 말한다. 또는 더 나쁜 것은 어느 하나를 다른 것에 비교해 선택적인 것으로 판단하는 것이다. 제임스, 프리야, 제인이 여행하는 길은 온갖 종류의 비즈니스, 조직의 과제와 리더십 과제들이 가득하다. 링키지의 연구에 따르면 미국 근로자 5명 중 1명만이 그의/그녀의 조직은 '목적의식 있는 리더'가 이끌어 간다고 한다.

목적의식 있는 리더십 지수

리더십개발 회사인 Linkage는 지난 30년 동안 백만 명 이상의 리더와 함께하였다. 그동안 우리는 약 106,000명의 리더를 직접 평가했다. 리더 자신에 대한 인식과 행동을 살펴보고, 리더의 동료, 상사, 부하직원을 통해 리더의 태도와 성과를 평가하였다. 이 리더들은 각각 평균 10명의 평가자들이 있었으며 이 데이터가 100만 개 이상인 것이다.

대부분의 리더십 모델과 이론은 주로 사례 연구, 전기, 일화 및 심리학 연구에 기반하고 있지만, 우리는 리더십 프레임 워크를 구축하고자 축적된 진단 데이터의 증거를 기반으로 학문적 관점과 고객의 관점을 통하여 타당성 검사를 하였다. 우리의 연구팀은 훌륭한 리더를 덜 효과적인 동료들로부터 구별하는 것을 이해하기 위해 다중의 메타 분석을 수행했다. 행운, 거시 경제 환경, 산업 또는 부문 등과 같은 요소를 일반화하기 위하여 동료, 부하직원, 상사에 의한 평가 결과를 가지고 상위 10%의 훌륭한 리더를 선정하였다. 우리가 발견한 것은 최고의 리더들은 무엇보다도 목적지향적이라는 것이었다. 그들은 그들의 목적에 의해 움직인다. 그리고 그들이 일하는 방법은 의도를 가지고 한다는 것이었다.

우발적인 리더들 부주의, 무의식, 목적 없거나 심지어 무모한 경향이 있을 수도 있음에 비하여 목적의식이 있는 리더들은 사려 깊고, 희망적이고 주의를 기울인다. 목적 purpose 은 효과적인 리더의 도구이다.

2017년 상반기에 Linkage는 목적의식 있는 리더십이 직원의 태도와 조직 성과에 미치는 영향을 평가하기 위해 미국의 근로 인구에 대한 전국 조사를 수행했다. 1,000명이 넘는 응답자들이 다양한 목적의식 있는 리더십 행동, 태도, 결과 및 조직 성과 지표에 대한 리더십을 진단했다. 링키지의 목적 지수에서 정량화된 결과는 링키지의 목적의식 있는 리더십모델의 기반이 되는 데이터를 검증하고 있다.

링키지 목적 지수는 재무성과, 경쟁 차별화, 구성원 몰입 및 구성원 중심 순 추천 점수의 네 가지 필수 비즈니스 지표에 대한 리더십의 효과성을 분석한다. 링키지의 목적 지수 설문조사는 먼저 응답자를 식별한 다음, 설문조사 참가자에게 그들의 대상이 되는 리더의 목적의식 있는 리더십을 가장 잘 예측할 수 있는 다양한 행동에서 리더의 점수를 부여하도록 요청했다. 몇 가지 행동들의 예는 다음과 같다.

- 아이디어를 다른 사람들의 지원이나 행동을 불러일으키는, 집중된 메시지로 추출한다.
- 사람들의 잠재력을 찾고 끌어냄으로써 이해관계자의 약속을 얻는다.
- 명확한 행동과 행동을 끌어내는 조직의 매력적인 미래 모습을 보여준다.
- 대화에 긍정적인 영향을 미치는 방식으로 관점을 전달한다.
- 목표와 기대치를 조정하고 팀워크를 모니터링하여 사람 또는 팀 간의 협업을 촉진한다.
- 사람들이 자부심을 느끼고 자신보다 더 큰 무언가를 느끼게 한다.
- 개인적인 목적에 부합하는 것처럼 일관성있게 행동하고 말한다.
- 조직의 목적과 방향에 따라 행동하고 결정한다.

이 행동 프로파일은 리더의 최상위 사분위수 응답자가 제공한 총점으로 결정를 목적의식이 있는 리더로 식별했다. 다루어야 할 것이 많지만 실제로 몇 가지 기본 사항을 요약하면,

- 조직 내 사람들에게 유익하다.
- 조직의 문화에 긍정적인 영향을 미친다.
- 비즈니스 성과와 경쟁력을 높이는 훌륭한 목표를 설정한다.

데이터가 있다면 바로 행동하라

2017년 갤럽 연구 보고서에 따르면, 직원 중 21%만이 "뛰어난 업무에 동기를 부여하는 방식으로 성과를 관리한다는 데 동의한다"고 응답하였다. 그 지표만으로도 리더가 성장할 여지가 많다는 것을 증명할 수 있지만, 구성원은 실제로 리더로부터 원하는 구체적인 것이 온다고 해도 하드 데이터를 쉽게 얻을 수 있는 것은 아니다. 훌륭한 리더를 만드는 것에 대한 수백 개의 블로그 게시물이 있지만 그중 많은 부분이 실제로 행하는 사람들의 입에서 나온 말이 아니다.

톰 래스 Tom Rath 와 배리 콘치 Barry Conchie 는 자신의 저서인 『강점 기반의 리더십 Strengths Based Leadership 』에서 2005년부터 2008년까지 '구성원' 역할을 하는 10,000명 이상의 직원을 대상으로 한 갤럽 연구를 분석했다. 이 연구에서는 구성원들이 4가지 영역에 초점을 둔 리더

를 원하는데, 그들은 공감을 보이고, 신뢰할 수 있고, 안정과 희망을 줄 수 있는 리더들을 원한다. 이것들은 다소 광범위하고 모호한 개념이지만, 리더가 구성원을 어떻게 대해야 하는지에 대한 기초를 제공하고 있다.

데일 카네기 사 Dale Carnegie Training 의 최신 연구는 구성원들이 리더가 실천하기를 원하는 몇 가지의 구체적인 기술을 제공하고 있다. 3,300명 이상의 정규 직원을 대상으로 한 전 세계 온라인 설문조사에서 참가자들이 가장 최선의 동기를 부여하는데 가장 자주 인용되는 4가지 리더십 특성이 있었다. 사람들은 리더들이 진실한 고마움을 표시하고, 그들이 잘못되었을 때 심리적 안정 감각을 키우며 인정하고, 직원들의 의견을 진심으로 듣고 존중하며, 외적으로 신뢰할 수 있고 의존적이며 또한 내적으로 신뢰할 수 있기를 원한다 말과 행동에 일관성이 있음. 이러한 결과는 앞에서 언급한 미국 직장 연구에서 이루어졌다. 상사에 대한 구성원들의 가장 빈번한 불만은 ①불확실한 기대, ②비효율적이거나 드문 피드백 ③책임 문제이다.

링키지의 목적의식이 있는 리더 진단은 몇 가지 연구 질문이 추가된 360도 피드백 도구이다. 우리는 진단 참가자에 대해 세 가지 질문을 하지만 리더 자신에게는 질문하지 않는다.

- 이 리더는 구성원들에게 적합한가?
- 이 리더는 현 조직문화에 적합한가?
- 이 리더는 비즈니스에 적합한가?

결과는 놀라웠다. 리더 중 20% 미만이 이 세 가지 질문 중 하나 5점 척도 기준 에서 4점 또는 5점을 받았다. 5명 중 1명 미만이 구성원이나 조직문화, 비즈니스에 적합하였다. 세 가지 모두가 적합한 리더의 비율을 계산할 때, 우리는 단지 9%의 결과를 얻었다. 우리가 리더를 육성하는 데 드는 모든 시간과 돈에 견주어 볼 때 우리는 더 나은 결과를 얻어야 한다.

이 책의 서문을 쓴 토마스 콜디츠 Thomas Kolditz 는 다음과 같이 썼다. "그 누구도 리더십을 통한 이득 leadership gains 이 무형적이거나 측정 불가능하다고 말할 수 없다." 더 중요한 것은 자신이 가지고 있는 통계를 믿고 행동하는 것이다.

리더들과 리더십을 바라보는 우리의 방식은 아마도 수천 년 동안 우리에게 도움을 주었을 것이다. 그것은 또한 많은 비생산적인 결과를 만들어 냈고, 대부분 분야에서 리더십이라는 명목 하에 실제 노력으로부터 배제된 경우도 있었다. 우리의 본능적인 반응은 누구를 이끌어 갈지 결정하는데 상당히 정교할 수 있지만, 리더에 대한 우리의 판단을 신뢰할 수 없게 만드는 강력한 힘도 있다는 것이다. 우리는 5명 중 1명보다 더 효과적일 수 있어야 한다.

업계에서 리더십 개발은 리더를 개발하는 방법으로 스킬과 역량에 집중되었다. 그러나 워렌 베니스가 말했듯이 리더십은 '자기 발명 self invention'이다. 사람들은 리더십을 구성한다. 사람들은 자신을 고취하고 희망과 의미를 부여하는 리더들을 원한다. 사람들은 자신을 몰입시키고 그들의 기술, 재능, 아이디어에 기여할 리더를 원한다. 사람들은 무엇인가의 변화를 원한다. 그들은 새로운 방식으로 일을 하거나 새로운 아이디어가 시스템에 스며들기를 원한다. 그들은 목표를 달성하기 위해 일이 수행되는 방식에 대해 뭔가 달라져야 한다는 것을 이해한다. 사람들은 조직화 하는 것을 원하고 함께 일하는 방법에 대한 명확성을 원한다. 이것이 목적의식 있는 리더십 purposeful leadership 의 본질이다. 함께 일하는 사람들의 기대를 충족시켜라. 비즈니스 목표이든 조직 목표 또는 단체의 목표이든 위대한 목표는 리더십의 결과로 발생한다.

당신은 아마도 당신의 리더십과 성과를 향상하려는 리더일 것이다. 만약 그렇다면, 정말로 변화를 원한다면 어려운 질문에 대한 생각을 바꾸고, 질문하고, 대답할 준비가 되어 있어야 한다.

리더십 Leadership

Q 당신의 리더십 도전과제들은 무엇인가? 이러한 과제들은 외부가 아닌 당신 내부의 것인가? 주변 사람들에게 도움이 되는가? 조직의 문화에 긍정적인 영향을 미치는가? 비즈니스 자체에 가치를 더하고 있는가?

- 당신을 위해 일하는 사람들이 당신의 직접적인 개입의 결과로 당신 조직의 더 나은 자산이 되는가?
- 당신이 이끄는 조직의 문화가 시간이 지남에 따라 더욱더 포용적이고 효율적이며 안정적인가?
- 당신이 이끄는 조직이 조직의 사명에 비즈니스 가치를 더하고 있는가?

Q 리더십에 대한 솔직하고 가치 있는 피드백을 얻는 방법은 무엇인가? 누구에게 물어볼 것인가? 어떤 데이터를 찾을 것인가? 데이터와 피드백을 해석하는 데 도움을 줄 사람은 누구인가?

Q 당신은 더 나은 결과를 원하지 않을 만큼 충분한 성과를 얻었는가? 당신은 그것을 어떻게 알 수 있는가? 더 많은 잠재력을 가지고 있지만, 그것을 나타내기 위해 노력하지 않았다는 것을 어떻게 알 수 있는가? 우리 중 많은 사람들이 취미나 운동을 하는데 꽤 빨리 '충분히 좋은' 것을 얻지만, 우리는 정말 더 나아가는데 필요한 에너지와 시간 투자를 중단하지는 않는가?

Q 당신의 조직을 위해 훌륭한 리더로 만드는 것은 무엇이라고 생각하는가? 구성원들에게 어떤 행동이 적합한가? 문화에 적합한가? 비즈니스에 적합한가?

Q 각 구성원이 할 수 있는 기여를 깊이 이해하고 있는가?

Q 더 나은 성과를 내기 위해 조직의 리더십을 어떻게 측정할 것인가?

2장
리더십 미스터리

··

리더십은 어떻게 하는가가 아니라 어떻게 되고자 하는가의 문제다.

– 프란시스 헤셀바인 Frances Hesselbein ,
  프란시스 헤셀바인 리더십 연구소 사장 겸 CEO

리더십의 미스터리를 넘어 숙련

『천의 얼굴을 가진 영웅 The hero with a Thousand Faces』에서, 비교 신
화학자이자 철학자인 조셉 캠벨 Joseph Campbell 은 영웅의 여정에 대해
근거가 되는 이론을 발전시켰다. 이는 스타워즈에서 루크 스카이워커
의 캐릭터가 되었다. 루크는 무인 행성에서 가족과 함께 사는 젊고 좌
절한 몽상가이다. 그는 드로이드와의 우연한 만남으로 인해 근처에 사
는 신비로운 전사를 찾을 수 있었다.

신이 난 루크는 가족이 허락한다면 드로이드와 전사를 따라 모험을
즐기고 싶어한다. 그러나 집으로 돌아와 가족이 살해된 것을 발견하
면서 상황이 크게 바뀐다. 그와 드로이드도 범인의 살해 대상이 되었

다. 전사는 지혜롭고 젊은 루크를 제다이의 길로 훈련할 것을 약속한다. 이 과정에서, 잘못, 위험에 빠진 공주, 실수, 어색한 상황, 실패, 로맨스, 악당, 죽음과 상실, 작고 큰 성공 등의 새로운 경험을 통해 젊은 제다이는 지혜, 힘, 용기 및 동정심까지도 다룰 수 있게 되었다. 시련은 우주를 파괴할 수 있는 적을 대면하기 위해 모든 새로운 본능에 의존해야 할 때 발생한다. 루크는 위대한 전사가 아니었고 훈련이 필요했다. 스타워즈가 끝날 때쯤, 루크는 지독하게 단련되어 있었다. 제다이에 대해 아무것도 몰랐지만, 미래의 상징이자 희망이 되었다.

이 이야기는 복잡하고 신비하면서도 간단하다. 농부가 상징적인 전사가 되는 방법은 무엇인가? 우리는 그를 전형적인 전사의 이미지로 생각해서는 안 된다.

이것은 그를 훈련시켰던 전사에게도 해당한다. 둘 다 가냘프고 근육이 거의 없었다. 그러나 그들은 그들의 마음과 머리로 라이트 세이버 전투에서 승리한다. 작가가 조셉 캠벨의 전형으로 작업하여 변변찮은 전사인 루크를 형상화한 것이 핵심 아이디어였다.

여러 가지 면에서 영웅의 여정은 리더가 되는 것과 유사하다. 우리는 우리 안에서 전사를 찾아야 한다. 즉, 우리는 리더십을 우리 안에서 찾아야 한다.

우리는 어떻게, 어디에 위치하고, 무엇을 말하고 공개하거나 숨기고, 무엇에 초점을 맞추고, 감정을 표현하고, 신체적으로 하는 일에 리더십이 노출된다. 사람들이 리더들을 바라볼 때 단서를 찾아야 한다. 우리는 리더의 마음을 확실히 알 수 없다. 우리는 외형적인 면에서 리더십을 추론해야 한다. 우리는 어느 정도 리더십의 미스터리를 제거할 수는 있지만, 항상 알 수 없는 부분이 존재한다.

리더십의 미스터리는 목표의 퍼즐 조각, 사회적 역동성, 리더들 집단 및 내부 여정에 있다. 윈스턴 처칠, 마하트마 간디, 넬슨 만델라가 각각 다른 방식으로 모은 것처럼 우리도 각 퍼즐 조각을 약간 다른 방식으로 모았다. 네 가지 모두 거의 같은 시대에 왔으며 여러 가지 면에서 비슷하지만 다소 다른 도전적인 상황을 다루고 있다. 이들 중 누구도 다른 사람들과 많은 비교를 요구하지는 않지만 리더십을 상징하고 있다.

리더십은 반드시 유명인을 위한 것은 아니다. 리더십은 조경팀, 퀵서비스 레스토랑, 소매점, 초등학교, 시설 관리 직원, 병원 병동 및 전문 부서, 정부 기관 및 음악 앙상블에도 존재한다. 리더십은 실체의 유형과 관계없이 목표를 세우고, 목표에 기여하기 위해 다른 사람들을 참여하게 한다. 또한 리더십은 하나의 새로운 것이 목표를 달성할 수 있는 영역을 찾고 목표를 정하며, 사람들이 목표를 달성할 수 있도록 조직화한다.

그들은 이것을 추구하면서 궁금한 점이 있을 것이다. 리더로서 나는 누구인가? 리더로서 필요한 것을 가지고 있는가? 나는 지혜가 있는가? 확신이 있는가? 회복 탄력성이 있는가? 내가 실제로 취해야 할 일의 짐을 기꺼이 맡을 것인가? 다른 사람들을 만족스러운 목표로 이끄는 열린 사람인가? 다른 사람들과 연결되고 무언가를 일으키려고 노력하는, 길을 잃은 느낌이 드는 고립된 리더에서 벗어날 수 있을까?

리더십의 미스터리는 또한 리더십 자체의 개념에 있다. 그것은 무엇인가? 우리의 연구 과정은 다양한 정의와 이론적 설명을 통해 우리를 끌어냈다. 우리는 제기된 모든 논쟁을 겪었고 많은 훌륭한 연구가와 작가의 이론을 체험하고 살펴보았다. 간단히 말해서, 리더십은 공유 목표 또는 기회를 실현하는데 사람들이 몰입하고 참여하는 것이다. 그것은 한 개인에게 존재할 수도 있지만, 노력의 과정에 관련된 모든 개인들에게도 존재한다. 우리는 학계, 이론가 및 조직 전문가로서 리더십을 혼란스럽고, 복잡하게, 그리고 오해의 수수께끼로 만들었다.

리더십이란 무엇인가?

이 확장된 리더십 개념에 대해 그것이 무엇인지, 그렇지 않은 것은 무엇인지에 혼란을 느끼고 있다면, 당신은 혼자가 아니다. 우리를 혼란스럽게 만드는 것은 조직 내에서 권력의 역할, 리더가 갖고 있거나 갖지 않는 특정 기술이나 특성을 갖춘 리더십 개념에 대한 혼란이다. 리더는 예전에는 '담당하고 있는 사람 one in charge'이라고 하였지만 그렇게 말하기에는 너무 단순하다.

어설프게 정의하여 보면, 리더는 특정한 공통의 목표와 공유된 목표를 달성하기 위해 그룹에 조직화된 영향력을 미치는 사람이다. 그러나 많은 회사나 조직에서 이것은 그리 간단하지 않다. 다양한 유형의 리더와 리더 집단이 있다. 우리의 어린 루크는 세상에서 모험과 낭만을 추구하는 꿈꾸는 듯한 젊은이지만, 제국과 군주의 격퇴라는 더 크고 극적인 공유 목표에 빠르게 참여하게 된다. 루크와 그의 친구들이 알고 있는 세상은 위험한 존재이며 그들을 위협하고 있다. 루크는 이제 많은 리더 중 하나이며 많은 다른 리더 그룹 중 하나에 있다. 그는 리더십의 한 부분이다.

리더와 리더십의 개념은 그렇게 어렵지 않다. 어떤 스포츠에서든 리더는 표준 보유자, 앞쪽에 있는 사람, 선두주자이다. 스포츠 이외의 리더는 목표를 설정하는 사람, 속도를 조절하는 사람, 지휘 중인 개인, 개인 또는 '책임자 one who is responsible'로서 외부의 다른 사람들의 눈에 잘 띄는 사람이다. 넬슨 만델라는 때때로 리더들은 앞을 내다보았다고 믿었지만, 대부분은 뒤에서 이끌면서 재능있는 동료를 앞뒤로 이끌었다. 리더는 기회나 상황에 긍정적인 차이를 만들려는 목표를 만들고, 승계하거나 소유하는 개인이다.

복잡한 문제들

리더십을 미스터리하게 만드는 간단한 방법들이 있다. 리더십의 본질은 사람들에 관한 것이다. 그것은 무언가를 성취하고자 하는 사람들의 집단을 만드는 것이다. 리더가 빠지게 되는 진짜 함정은 사람들의 문제가 아니라 기술적인 문제에 초점을 맞추는 데 있다. 우리는 더 나은 기계, 더 나은 소프트웨어 제품 또는 더 나은 프로세스를 원하며 모든 정신적 에너지를 디자인과 개발에 투입한다. 그러나 리더로서 우리의 임무는 재능있는 사람들이 함께 문제를 해결하도록 모으고, 조직하고, 활력을 주고, 영감을 주는 것이다. 어떤 리더들은 사람들과 함께 일해야 한다는 것을 잊어버리고 기술적인 문제에만 너무 집중한다. 조직이 하는 일을 모르는 누군가에게 리더십 역할을 부여하는 상상 실험을 생각해 보자. 그건 재앙일까? 같은 방식으로, 조직이 어떻게 작동하는지 모르는 리더십 역할을 맡은 사람을 생각해 보자. 우리는 항상 그렇지 않은가? 우리는 조직의 리더십 역할에 기술이 있는 전문가를 배치하고 그들이 사람들이 아닌 기술적 문제에 초점을 맞출 때 놀라게 된다. 이것은 우리가 리더십의 진정한 본질을 이해하지 못했을 때의 직접적인 실패 사례이다.

리더들은 종종 운이 좋아서 성공한다. 예를 들어, 조직이 특정 문제를 설정하거나 문제를 해결해야 하는 경우, 한 리더가 팀을 이끌고 문제를 해결하도록 한다. 이 그룹은 인지적으로 다양한 사람들로 구성된 집단이지만 그들은 종종 스스로 문제를 해결하기 위해 전문가가 모인 것으로 생각한다. 각 팀원은 서로 다른 지식을 가지고 있으며 다른 경험이 있다. 이들에게는 대개 이 문제를 해결하기 위해 보상이 주어진다. 집단에는 모든 사람이 기여하기 어려운 대인 관계 역학이 있다. 한 개인이 답을 얻으면 팀의 작업이 완료된다. 다시 말해서, 대부분 팀에서 성공을 만들어내는 것은 외로운 천재의 작품이다. 아무도 다른 사람의 아이디어를 기반으로 할 필요가 없다. 아무도 협력할 필요가 없다. 많은 경우에, 그룹은 단지 상사가 생각하는 어떤 대답이든 그것이 옳다는 대답으로 상사를 기쁘게 해야 한다. 가장 훌륭한 대답이나 최고의 대답은 아니지만 그것으로 충분하다.

이러한 생각은 오랜 시간 동안 적용될 수 있기 때문에 리더십에 대한 우리의 신념이 될 수 있다. 불행하게도, 이것은 도전과제가 너무 커지기 전까지만 작동하며, 리더가 그룹을 목적 지향적으로 이끌어가는 방법에 대해서는 다른 이해의 여지가 없다. 모든 문제를 단순한 문제로 이해하는 리더십은 실제로 조직의 미래를 결정하는 복잡한 문제를 처리할 준비가 되어 있지 않다.

목적의식 있는 리더십은 많은 사람에게 영감을 주는 목표 또는 비전을 만들어내는 능력이다. 그런 다음 그 목표에 의미 있게 기여할 재능과 기술을 모은다. 그러나 목적의식이 있는 리더와 함께 일하는 이 그룹은 답을 찾기 위해 외로운 천재에 의존하지 않는다. 대신, 그것은 하나의 고독한 천재가 결코 혼자 생각할 수 없는 답을 만들기 위해 함께 생각하고, 함께 아이디어를 만들고, 함께 혁신하고, 함께 지혜를 쌓도록 구조화하고 조직화한다. 팀의 집단 능력은 한 사람의 능력보다 뛰어나다. 모든 팀원은 목표에서 영감을 얻어 서로와의 관계를 맺고 리더가 제공하는 조직과 구조를 통해 목표를 달성하기 위해 혁신한다. 이것이 바로 리더십이 미스터리한 이유이다. 리더십의 생성적 특성을 정확히 이해하지 못하기 때문에 우리는 자신과 리더들, 조직 내에 모든 종류의 문제와 함정을 만들어낸다.

또한 우리가 실제로 완전히 이해하지 못한 신비한 점은 리더십 문제의 본질이다. 리더십 문제는 단순한 선형적 문제가 아니다. 보이는 변수와 보이지 않는 변수 모두에서 어지럽게 얽혀 있는 복잡한 문제이다. 선형적 문제는 쉽게 해결할 수 있다. 지저분하고 복잡하고 끈적거리는 문제는 우리를 적극적으로 참여하게 한다. 결국에는 효과가 없는 것으로 보이는 쉬운 해결책을 찾거나 문제의 복잡성을 간단한 답변과 단순한 이야기로 줄일 수 있기 때문이다. 불행히도 시간이 지남에 따라 대안들은 훨씬 더 끈적거리고 지저분하며 복잡한 문제로 이어질 것이다.

딜레마를 해결하는 리더

리더는 해결할 문제가 없다. 즉 그들은 딜레마와 늘 마주하고 산다. 리더십은 간단하게 답할 수 없는 둘 이상의, 때로는 긍정적인 대안 중에서 선택하는 것이다. 간단히 말해서, 리더는 성장의 고통을 겪으며 마케팅 캠페인, 소프트웨어 시스템으로의 업그레이드, 채용해야 할 새로운 세대의 인재들에게 시간을 투자하는 등 매일 모든 종류의 딜레마를 처리한다.

단기간 대 장기간

많은 리더가 처한 첫 번째 딜레마 또는 함정은 단기 대 장기 전략이다. 예를 들어, 리더로서 나는 시설 관리 및 유지 보수를 책임지고 있다. 건물에는 많은 유지 보수가 필요하다. 나는 유지 보수를 할 수 있고, 향후 유지 보수 요구를 위해 자금을 따로 준비할 수 있지만, 단기적으로는 분기마다 그리고 매년 수익성이 있어야 한다. 유지 보수를 연기함으로써 실제 이익을 높일 수 있으며 나의 후임이 유지 보수 문제를 해결할 수 있다. 또한 교육 과정을 지연시키거나 리더십 개발을 없앨 수 있다. 비즈니스의 자금 투입을 최소화하여 오늘 당장의 혜택을 누릴 수 있다.

리더로서 나는 수익성을 높이는 수단으로 지름길을 취할 수 있다. 시장 변화의 징후를 무시하고 현재 제품 및 서비스를 사용하여 이를 잘 넘길 수 있다. 또는 초과 근무 수당을 관리하지 않도록 하기 위해 정규직만을 채용하여 활용하거나 아니면 비정규직원들을 채용하여 활용할 수 있다. 나는 리더들이 담당자들의 역할을 이끌고, 관리하고, 수행할 것을 기대할 수 있다. 나는 즉각적이고 지나치게 단순한 답변으로 어렵고 까다로운 선택을 줄일 수 있다.

리더십은 윤리다

리더는 윤리적으로 쉬운 길을 선택할 때 두 번째 딜레마에 직면한다. 쉽게 저지르는 윤리적 실수의 몇 가지 사례는 다음과 같다.

- 보증 기간이 만료된 후 하루가 지나서 보증 청구를 거절한다.
- 회사가 건축하고 판매한 주택에서 새고 있는 창문의 수리를 거부한다.
- 성과가 좋은 직원에게 보너스를 지급하기로 약속했으면서 손익을 이유로 약속을 지키지 않는다.
- 형편없는 리더인데 사업에서 가장 많은 양의 이익을 제공하고 있다는 이유로 조처를 하지 않는다.
- 부하직원은 당신의 상사가 좋아하는 사람이기 때문에 다르게 대한다. 다른 직원들에 비해 그는 특혜를 받고 있는가? 그의 실수에 대해 공정하게 처리하고 있는가?
- 좋아하는 직원에게 다른 사람보다 복장 규정을 완화한다.
- 다른 그룹에 비하여 특정 그룹의 사람들에게서 더 많이 듣는다.
- 고객이나 직원보다 주주에게 지나치게 주의를 기울인다.
- 공급 업체의 견적금액을 낮추는 방법을 찾기 위해 공급 업체의 성과를 매우 중요시한다.
- 직원이 성공하지 못하도록 고의로 애매한 상황을 만든다.

리더의 윤리와 성품은 주변 사람들에게 잘 보인다. 조직문화를 조성하는 리더의 선택은 리더가 받는 존경을 가늠한다. 여기에 진짜 미스터리가 있다. 리더들이 각자의 책임에 대해 전문적이고 윤리적인 행동을 보여주어야 한다는 것이 분명하지만, 손익 계산서와 분기별 수익 보고서의 압력을 고려할 때, 리더들이 어떻게 이러한 딜레마를 해결해야 하는지 명확하지는 않다. 우리에게 때때로 필요한 성숙함, 지혜, 용기를 아무도 준비하지 않는다.

주차장의 파열된 구덩이를 즉시 수리하는데 용기나 지혜가 필요하다고 생각하는 사람은 없다. 그것을 미루면 백만 원을 절약할 수 있다. 조치하기 위해 이러한 많은 결정을 내려놓으면 조직에 잠재적으로 1억원을 절약할 수 있다. 그것은 예산의 마술이다. 일부 결정을 연기하라. 지혜, 성숙과 용기가 필요한 행동은 구덩이를 고치는 것과 같이 조직의 가격 책정 모델, 비용 및 경쟁 지능을 재검토하고 균형을 재조정할 방법을 찾아 이러한 유형의 결정을 연기하지 않는 것이다. 건강하고 실행 가능한 비즈니스 의사결정은 딜레마를 성공적으로 관리한다. 보행자가 주차장의 구덩이에 빠진 후 발목이 부러졌을 때 리더를 현명하고 성숙하며 용기 있는 사람으로 보지 못할 것이다 나와 같은 오래된 보험업자에게 물어보라. 그리고 아무도 그 리더를 완전히 신뢰하지 않을 것이다. 우리가 하나의 압도적이고 불균형적인 배려와 그로 인한 부정적인 결과에 기대어 딜레마를 해결할 때, 우리의 리더십 브랜드 주변의 향기는 악취로 바뀌기 시작할 것이고 결국 사람들을 불쾌하게 할 것이다.

승인에 대한 압력

세 번째 딜레마는 조직에서 주주 목소리의 중요성이 급격히 증가하는 것을 고려할 때 발생한다. 주주들은 다양한 방식으로 우리 조직에 영향을 미치지만, 주가가 상승함에 따라 투자 가치가 증가하는 것을 보는 것이 주된 것이다. 비영리 단체나 기여가들도 조직의 문제에 대한 공헌을 통해 일부 문제나 이슈의 가속화된 변화를 보게 된다. 이러한 다양한 주주들은 종종 조직의 주요 결정에서 누가 이사회에 선출되거나 이사회 자체가 됨으로써 큰 목소리를 낸다. 기본적으로 주주는 수익성이나 투자 결과에만 관심이 있다.

 주주는 최소한의 투자로 최대 수익을 원한다. 그들은 회사의 가치가 투자를 위해 가능한 한 많이 증가하기를 원한다. 그런 일이 일어나지 않으면 종종 주식을 팔고 다른 곳에 투자한다. 조직의 리더는 투자를 유지하기 위해 가능한 단기간에 회사의 성과를 높여야 한다는 압박감을 느끼고 있다.

 불확실성과 변동성은 리더가 크고 전략적인 결정을 내리는 데 있어 더 큰 문제를 일으킨다. 오랫동안 효과적인 수익을 올리지 못하면 주주에 대한 우려가 커진다. 주주는 이번 분기와 현재에 있고, 리더는 이번 분기와 미래에 모두 관심을 가져야 한다. 한 우선순위를 다른 우선순위 위에 두면 리더의 신뢰와 가치가 떨어질 수 있다. 압력을 가하여 이사회와 주주는 때때로 보상 패키지와 황금 낙하산을 만들어 리더 개인의 이익을 이사회 및 주주의 이익과 일치시키도록 한다. 이렇게 함으로써 가능한 가장 짧은 시간에 투자 가치를 극대화한다. 이런 일이 발생하면 리더의 선택은 다른 장기적인 의무와 책임에 부응하지 못한다. 리더가 현재에 대해 완전히 책임을 지도록 하면 중요한 의무가 있는 미래를 위험에 빠뜨리게 된다. 이것은 리더에게 심각한 함정이 될 수 있다. 궁극적으로 리더가 이러한 유형의 압력에 굴복하고 미래를 무시한 직접적인 결과로 야기되는 다른 문제에 빠질 때, 우리는 종종 리더의 기술 부족 또는 품격저하에 관해 이야기한다.

리더들은 이러한 딜레마를 긴장으로 생각해야 한다. 끝이 없는 해야 할 목록에 있는 문제로 취급하는 대신, 딜레마를 절대 사라지지 않을 것으로 이해하고 관리해야 한다. 딜레마가 사라지거나 보이지 않을 수 있다. 모든 비즈니스에는 시간이 지남에 따라 수십 가지의 딜레마가 발생하며 때로는 리더나 리더의 입장에서 아무런 조처를 하지 않고 스스로 해결하는 경우가 있다. 그러나 이러한 딜레마는 여전히 존재하고 작동하고 있으며, 그것이 갑자기 추한 면을 드러내면 우리는 당황하게 된다.

우리는 리더들을 신뢰할 수 있는가?

리더들이 걸려들 수 있는 많은 함정도 좀 더 혼란스러운 문제를 일으킨다. 그들이 신뢰를 파괴할 수 있다는 것이다. 광고 분야의 세계적인 거인인 에델만 Edelman 의 연례 신뢰 지수 지난 18년 동안 진행된 철저한 연구 조사 에 따르면 리더십 기관에 대한 신뢰는 사상 최저 수준이다. 2018년 설문조사 결과에 따르면 기관, 기업 및 정부에 대해 변하지 않은 불신이 나타난다. 이 자료는 우리가 리더들을 낮은 윤리적 기준을 가진 자기중심적이고 탐욕으로 가득 찬 사람들로 인식한다는 것을 시사한다. 다시 말해, 리더들은 딜레마를 일방적이고 불균형한 방식으로 해결하고 있다는 것이다.

딜레마의 균형을 맞추지 않으면 리더들은 결국 신뢰할 수 없는 사람으로 여겨진다. 구성원들은 자신의 리더들이 신뢰할만한 사람이 아니라고 생각하면 은퇴하거나 떠나거나 숨어 버리며 일에 몰입하지 않는다. 그리고 몰입하지 못하는 사람들은 혁신적이거나 창의적이지 않다. 그들은 움츠리고 앉아 현 상태를 유지한다. 비몰입에 대한 신경 과학은 변함없이 명확하다. 사람들은 가장 기본적인 생존 수준을 제외하고는 모든 실행을 중단한다. 2018년 갤럽은 전 세계 근로인력의 18%만이 적극적으로 몰입하고 있다고 보고했다. 이것은 리더십 효과의 심각한 폐단의 흔적이다.

　이 장의 시작 부분에서 인용한 프란시스 헤셀바인은 다음과 같이 말했다. "의기소침하고, 동기부여 되어 있지 않고, 인정받지 못하는 사람들은 치열한 경쟁 사회에서 경쟁할 수 없다." 자신의 이익만을 위해 행동하거나 또는 오로지 주주들의 이익만을 독창적으로 발전시키는 리더들은 냉소주의를 낳는다. 또한 지혜, 신념, 목적, 용기 및 성격으로 어려움을 겪는 리더들을 제자리에 남겨두면 모든 이해당사자들은 실제로 리더십이 무엇인지 혼동한다. 우리 마음속에 있는 리더십의 표준에 대한 의미를 퇴색시킨다. 그것은 또한 우리의 정신적 리더십 모델을 파괴하거나 혼동하게 만든다. 우리는 리더십이 우리가 생각하는 것 이외의 것임을 믿게 된다. 그렇게 되면 누군가가 문제를 일으킨 후 다시 잘 이끌 때, 우리는 그들이 일으켰던 문제를 잠시 잊어버리게 되고, 그들이 한 일잘못된 일 을 리더십 자체로 받아들이지 않을 수도 있다.

이유 찾기 : 달콤한 심포니

한 그룹의 사람들 앞에 서는 것은 우리가 리더로서 다른 사람들에게 미치는 영향을 상징한다. 또한 효과적인 리더십은 어떻게 모든 사람을 한 방향으로 정렬하고 참여시키며 발전하는 집단적 노력을 창출하는 데 도움이 될 수 있는지를 상징한다. 오케스트라 앞 연단에 서있는 것도 리더십을 상징한다. 완벽하게 조화를 이루며 잘 조정된 오케스트라 연주를 이끄는 지휘자는 많은 리더십 연구자들이 리더십을 설명하는 데 사용했던 상징이다.

매년 500명에 가까운 리더가 함께하는 Linkage의 글로벌 리더십 개발 프로그램GILD : Global Institute of Leadership Development 교수진 중 한 명은 자신의 기술을 사용하여 대규모 조직을 이끌 때 발생하는 시스템 문제를 설명하는 실제 오케스트라 지휘자이다. 그는 항상 오케스트라를 이끄는 것이 리더십의 의미에 대한 은유라고 설명함으로써 결론을 내린다. 동시에 클래식 음악의 메시지를 대중에게 전한다. 연단 경험을 리더십에 대한 통찰력을 간절히 원하는 다양한 조직에서 일하는 사람들과 공유함으로써 음악에 대한 이해를 넓힌다. 자신의 지휘봉리더십과 열정을 공유한다.

이 은유는 한 그룹의 사람들에게 리더십에 대한 통찰력과 경험을 제공한다. 이것이 목적의식 있는 리더십의 본질이다. 목적이 있는 리더는 지혜와 확신, 책임, 약속, 개방성, 그리고 다른 사람들과 그들의 능력에 대한 믿음을 구현한다.

목적의식 있는 리더십의 본질은 자신 안에서 "왜 why"라는 답을 찾는다. 그리고 나서 비슷한 "이유들whys"이 있거나 당신의 이유에 대해 충분히 공감하고 있는 다른 리더들을 포함하도록 무대를 넓히는 것이다. 목적의식 있는 리더는 이 집단 에너지를 사용하여 그 이유를 달성하기 위한 노력을 배가하고 조직화한다. 그러나 리더십은 우리의 목적, 선물, 지식 및 경험 기반을 이해하고 자기 스스로 이해함으로써 시작된다. 즉 내면의 여정으로 시작한다.

리더로서 우리는 각기 다른 규모, 범위, 가치 및 전문성을 가진 다른 팀, 직무, 부서 및 사업분야로 이동한다. 우리가 이러한 다른 그룹의 리더십을 받아들일 때, 그룹의 구성원들은 즉시 리더로서 우리의 기대를 형성한다. 주의 : 그들은 우리를 리더로 즉시 받아들이지 않는다

거기에서 리더로서의 우리의 행동은 그룹의 성과와 행동을 가속화하고 향상한다. 우리는 걸어 다니며 평가하고 조사하고 질문하고 도전하며 무엇이 무엇이고, 무엇이 될 수 있는지를 명확하게 알 수 있다. 우리는 리더로서, 멀리서 관찰하거나 간접적인 보고를 받는 과정을 벗어나지 않는다. 우리는 프로세스를 수행하고 있다. 그것은 주관적이고 또 객관적이다. 우리는 우리가 누구인지, 우리가 경험한 것, 그리고 이 과정에서 배운 것을 알고, 알고 있고 믿는 것을 가져온다.

우리는 또한 우리의 감정, 야망, 그리고 우리가 이끌 수 있는 올바른 신념을 가지고 있다. 마지막으로, 우리는 우리가 일어났으면 하는 것에 대한 감각, 즉 우리가 이끌기를 원하는 동기를 가져가고자 한다. 우리는 본능과 경험에 따라 자신이 누구인지에 대해 진정성 있고, 결과에 대한 개방적인 태도를 보인다.

리더십은 특정 역할이나 직책을 가지고 시작할 필요가 없다. 그것은 기회나 문제에 대해 우리 자신을 가져오는 것으로 시작한다. 우리는 다른 사람들에게 영감을 주고 무대를 넓히는 방식으로 그 기회나 문제를 분명히 표현할 수 있는 능력을 갖추고 있다. 리더십은 기회나 문제를 다른 수준으로 옮기는 올바른 혁신을 생각하고 목표로 삼는 능력에 의해 가속화된다. 그러한 기회나 문제를 달성하기 위해 사람들을 조직하는 기술에 중점을 둔다. 리더십은 우리의 성격과 존재감, 지혜와 용기, 신뢰와 집중력에 대한 자신의 감각에 의해 향상되고 가속화된다.

리더 되기

모든 전통에는 신화, 전설, 내면의 여정에 관한 이야기가 있다. 그 여정에는 도전적이고, 신나는 흥분, 미지에 대한 두려움, 실패의 끔찍한 두려움, 보상의 불확실성, 외로움, 어려움, 자신에 대한 내적 믿음이 담겨 있다. 이 모든 것은 '성장하는 becoming' 요소인 것이다.

리더의 경우, 일반적으로 직원을 채용하고 해고하고, 부하 직원을 평가하고, 어려운 대화를 나누고, 팀을 이끌고, 프로젝트를 이끌고, 사업을 전환하고, 새로운 기능이나 비즈니스를 시작하고, 특정 직원과 협력하는 과정을 진행한다. 일부 동료 그룹은 경제학 또는 고객에게 도전하고, 나쁜 소식을 전하거나 받기도 하며, 축하 또는 전통을 따르는 사람들을 이끌고, 동료가 퇴직하거나 할 때 그들이 오고가는 것을 지켜본다.

이러한 모든 행사를 진행하면서 우리에게 나타나는 모습이 리더로서의 정체성과 명성을 만든다. 우리는 이러한 사건을 겪고 피드백을 받고, 자기 인식을 높이고, 더 나은 향상을 위한 확신을 키우며, 도전하면서 함께 성장한다. 우리는 또한 리더가 되기 위한 올바른 내면의 길에 있는 자기 효능감을 키운다. 우리는 매일 왜 리더가 되기로 선택했는지 더 확신하게 된다.

매일, 우리는 이것을 다른 사람들에게 조금 더 잘 보여줄 수 있다. 리더십은 역량과 스킬의 모음이 아니다. 리더십은 우리가 될 수 있는 최고의 리더로 성장하기 위해 우리 자신과 다른 사람들에게 한 약속이다. 다음 몇 장에서 우리는 이러한 약속을 살펴보고 더 나은 리더가 되는 방법을 보여줄 것이다.

상황과 도전과제|Context and Challenges

Q 당신이 가장 신뢰하고 존경했던 리더들을 되돌아보면서, 그들이 여러 가지 딜레마를 겪은 것을 보고 배운 교훈은 무엇인가?

Q 리더를 만드는 특성과 기술 목록을 작성한다.

Q 현재의 여러 리더를 볼 때, 그들이 당신의 사고방식을 어떻게 끌어내는가? 그들은 당신의 목록에서 어떤 요소를 체크 하는가?

Q 리더로서 직면한 딜레마 목록을 작성한다.

Q 각 딜레마에 대해 딜레마를 해결하는 핵심 결과는 무엇인가?

Q 지혜롭고 성숙하며 용기있는 리더는 이러한 딜레마를 어떻게 관리할 수 있는가? 그 리더십 여정에서 어떤 압력과 요구에 대면할 것인가? 압력에 굴복하고 있다는 것을 어떻게 알 수 있는가?

Q 조직의 다른 리더를 볼 때 이러한 통찰력이 다르게 적용되는 것을 보는가?

Q 복잡한 이야기를 간단한 문제와 간단한 해결책으로 줄일 수 있는가?

Q 옳은 일을 하고 싶은 것보다는 팀에 소속되고 싶은가?

Q 당신은 리더십의 윤리를 연구하는가?

PART
2
고취하다
INSPIRE

3장
목표의 발견과 구성

....

그것을 좋아한다고 하는 사람들은 충분하다.
이제 우리는 그것을 말할 수 있을 것이라는
몇 사람을 활용할 수 있다.

– 로버트 오르벤 Robert Orben , 작가 및 코미디언

핵심요소 : 고취하다

미래에 대한 희망과 영감을 제공하고
대담한 비전을 향한 에너지를 전달한다.

리더십 연구에서 데이터를 분석하여 5가지 핵심요소 중 어느 것이
가장 효과적인 리더와 밀접하게 관련되어 있는지 파악했다. 다섯 가지
모두 효과와 높은 상관관계가 있지만 특히 고취 inspiration 는 가장 높
은 상관관계가 있다.

대학원생이나 학부생이 쓴 학술 논문이 현실이 되는 것에 관한 이야기를 몇 번이나 들었는가? 1989년 웬디 콥 Wendy Kopp 은 돈을 벌기 위한 것에 관한 것이 아닌 세상을 변화시키려는 사람들에 대한 사회학 논문을 썼다. 그녀의 세대는 목적과 의미에 관해 관심을 가지고 있다고 그녀는 확신했다. 해답은 교육에 있었다. 미래의 리더로서 자신 세대의 힘을 믿었으며, 미국 빈곤층 어린이들에게 훌륭한 교육을 제공하는 비영리 단체인 '미국을 위한 교직 재단 Teach for America'을 설립했다. 매년 8,000명 이상의 젊은이들이 미국의 51개 지역 중 한 곳에서 2년 동안 자격을 갖추기 위해 엄격한 선발 프로그램을 거친다. 웬디의 비전은 20년 넘게 수많은 젊은이에게 영감을 주고 활력을 불어넣어 다른 사람들의 이익과 미래의 기회를 위해 목숨을 바쳐 일할 수 있도록 했으며 젊은 리더들이 가르치는 것뿐만 아니라 사회적 변화를 이끌도록 힘을 실어 미국 전역에서 수천 명의 삶을 바꾸었다. 그녀는 목표와 비전을 만들고 자본을 모으고, 이를 달성할 재능을 모았으며, 사회 변화에 대한 새로운 교수법과 접근법을 혁신했다. 그녀는 관리팀, 이사회, 지역별 접근 방식 및 유사한 방식의 국제 네트워크를 조직했고 영감을 주는 간결한 논문으로 3백만 명 이상의 어린이와 33,000명의 교사를 변화시켰다.

대부분 리더와 마찬가지로 웬디는 전 세계에서 펼쳐지는 다양한 시나리오를 연출하였다. 토론할 수 없거나 알 수 없거나, 인식할 수 없는 경향과 가능성에 관한 것이었다. 하나가 아닌 여러 딜레마 등 웬디 콥은 이러한 수많은 딜레마에 접근하여 이를 해결하기 위한 행동을 촉구했다. 그녀는 '일어날 가능성이 있는 것에 대한 비전 vision for what could be'을 세웠다. 또한, 비전만으로는 달성할 수 없다는 것을 알았으며 그녀는 자신의 비전을 달성하기 위해 다른 많은 사람의 참여와 재능이 필요하다는 것을 이해했다.

많은 리더는 문맥에 명시된 문제의 목록들과 비슷한 일을 했다. 목적의식이 있는 리더는 미래에 대한 희망과 영감을 제공하고 대담한 비전을 향한 에너지를 전달한다. 이것이 목적의식 있는 리더십의 첫 번째 핵심요소인 '고취하기 to inspire '이다. 리더가 그룹에 제공하는 가치는 해당 그룹에 영감을 불어 넣을 수 있는 능력이다. 목표나 비전은 거의 가장 큰 두려움이 아니라 리더 또는 리더 그룹 가 리더와 그룹이 함께 할 수 있는 것에 대한 최대의 희망이다. 희망의 메시지는 전염성이 있고 고양되며 사람들에게 미래를 믿을 동기를 부여한다. 웬디는 교육에 대한 투자액과 교육의 질이 불일치하고 있다고 보지 않았다. 대신, 그녀는 희망과 기회를 제공하는 길을 교육에서 보았다. 이것이 한 번의 큰 도약으로 이루어졌는가? 당연히 아니다. 학부생으로서 그녀의 미션의 기초가 된 그녀의 논문, 다른 사람들에게 많은 것을 주도록 영감을 준 미션에 관한 논문을 쓰는 것 외에도 많은 일을 했다. 처음에 완벽한 비전을 분명히 표현했는가? 물론 그렇지 않았다. 논문을 쓰기 전에 여러 콘퍼런스와 다양한 학회를 통해 메시지를 보다 선명하게 했다. 상담 시간 동안 상담 교수 및 멘토와 대화했다. 졸업 후, 자신의 미션에 공감하는 인재를 모집하고 기업의 자본을 모으는 메시지를 전했다. 그녀는 끊임없는 조율, 정제, 편집, 완성의 과정을 거쳤다.

우리는 여러 가지 방법으로 다른 사람들에게 영감을 줄 수 있다. 역할 모델이 되고, 다른 사람들이 어려움을 겪는 상황에서 용기를 보이거나, 다른 사람들 앞에서 취약한 것을 나타낸다. 휴스턴 대학의 베스트셀러 작가이자 교수인 브레네 브라운Brené Brown 은 용기를 "다른 사람에게 진실한 마음을 보이는 것showing one's heart to others"이라고 말한다. 우리는 사람들에게 말하는 것을 통하여 긍정적으로 변하고 고무될 수 있다. 재능을 개발하기 위한 시간을 보내면서 사람들에게 영감을 줄 수 있다. 때때로 영감을 주는 것은 다른 사람에 관해 관심을 갖는 것보다 다른 사람을 돌보는 것처럼 간단하다. 때때로 영감을 주는 것은 무언가에 열정적인 것이다. 그러나 영향력 있는 수준있는 리더가 되려면 미래의 이야기나 미래에 대한 큰 그림, 비전과 함께 많은 사람에게 동시에 영감을 주는 방법을 배워야 한다.

모든 효과적인 리더들은 영감을 주는 것이 리더십 도구로 가치가 있다는 것을 알고 있다. 그들은 어떤 메시지는 끌어당기고, 다른 메시지는 떠민다는 것을 인식한다. 떠미는 것보다 장기적으로 당기는 것이 더 좋다. 핸들을 사용하여 작은 빨간 차를 뒤에서 밀면 앞부분은 가능한 모든 방향으로 진행되지만, 차를 돌려서 앞에서 당기면 어디를 가든 완벽하게 따라가게 된다 핸들의 영향으로.

사람들은 비슷하게 반응한다. 떠밀어서는 예측할 수 없게 된다. 당신이 그들의 영감을 불러일으킬 때, 당신은 그들을 끌어당길 수 있다. 강력하고 효과적인 리더들은 이 차이를 인식하고 넬슨 만델라가 표현한 것처럼 선두에서 앞뒤로 이끌어야 하는 시점을 알고 있다. 그리고 그들은 비전을 구성하고 목표를 설정해야 한다는 것을 이해한다. 마하트마 간디는 중점적인 목표에 대한 개입을 통해 비전을 달성하기 위한 프로세스를 고안했다. 윈스턴 처칠은 다른 사람들에게 말과 연설로 의사소통하고 영감을 주는 공식을 개발했다. 넬슨 만델라는 리더들이 '상징적 symbolic'인 리더십을 학습하는 방법에 관해 썼다. 마틴 루터 킹 주니어는 공감하는 대다수가 소수의 비전을 받아들일 때 변화가 일어난다고 가르쳤다.

그들만의 독특한 환경에서, 이 리더들은 비전을 현실에 더 가깝게 하기 위해 존재하지 않는 영감을 주는 방법을 '고안invent'하거나 창조해야 했다. 이 리더들과 셀 수 없이 많은 다른 리더들에게는 많은 교훈과 동시에 어려움이 있었다. 각각은 그의 내부 자원이 그 과정에서 심각하게 시험대에 오를 것이라는 것을 알고 있었다. 어떤 시점에서, 한 리더 또는 이 리더 중 한 사람이 다른 사람들에 의해 리더로 파악되지 않았다. 처음부터 리더가 되는 사람은 없었다. 자신의 리더십을 통해 다른 사람들에게 영감을 주기 위해 '나타나게 된appeared' 것에 대해 다른 사람들은 회상하게 되고 이를 통해 존경하고, 존중하며, 심지어는 신격화했다. 당시에는 상황이 그다지 쉽지 않았거나 단순하지 않았다. 그들 모두에게 리더십은 지저분한 일이었고 학습 경험이었다.

리더들은 종종 영감과 행복감으로 시작하지 않는다. 목적이 있고 영감을 주는 리더가 되기 위해서는 시간과 집중, 헌신이 필요하다.

공유비전 구축을 위한 학습

마케팅 부사장인 제임스는 숫자에 능통한 리더이다. 그는 혼란스러운 것을 인정하지 않는다. 각 개인의 성과와 능력을 추정하고, 그가 획득할 수 있다고 생각하는 추가 능력을 더하여 매년 그의 목표를 신중하게 수행한다. 일이 끝나면 모든 것을 15% 줄여서 자신이 부여한 모든 목표를 달성할 수 있다. 그런 다음 모든 사람의 목표를 전달하고 매주 모든 사람을 만나 일이 제대로 진행되도록 한다. 그는 어떤 영감을 부여하는 일도 만들려고 하지 않는다. 이 시점에서, 누군가에게 영감을 주거나 스스로 영감을 불러일으키는 것에 대해 생각하지 않는다. 제임스에게는 항상 일을 수행하기 위해 이러한 역할을 기꺼이 맡을 사람, 좋은 사람들이 주위에 있다. 그의 리더십 개발 현재 단계에서 제임스는 자신의 강점을 충분히 끌어내고 있어 당장 더 효과적일 것을 찾아낼 필요가 없다.

반면 프리야는 좋은 디자인과 구조가 어떤지에 대한 강한 감각이 있으며, 문자 그대로 그녀가 가는 곳마다 움직이게 하는 것이 목적이다. 그녀는 건설분야 현장, 인기있는 식당, 시장 건물 및 경기장을 지속해서 주시하고 있다. 그녀와 그녀의 팀원들은 전 세계를 돌아다니면서 가장 인기 있는 건물 디자인이 어떠한 것인지 확인한다. 흥미롭게도, 그것은 프리야에게 모호한 개념이다. 그녀의 팀원들은 프리야가 원하거나 원치 않는다는 관점에서 디자인에 대해 끊임없이 이야기한다. 그녀가 거부할지도 모르는 아이디어를 제시한다는 것은 그들 각자에게 두려운 것이다. 그들은 그녀에게 어떻게 보이느냐에 따라 살고 죽는다. 그렇지만 시간이 지남에 따라 그녀의 팀원들은 매우 강력한 디자인 감각을 구축하고, 결국 건설 프로젝트에 대한 강력한 포트폴리오를 구축하여 성공적으로 이끈다.

프리야의 프로세스는 때로는 잔인하지만 훌륭한 건물과 훌륭한 건축 리더를 만드는 데 성공하곤 한다. 프리야는 영감을 주는 프로젝트를 좋아한다. 그녀는 일 자체가 영감을 주고, 몰입하도록 하고 혁신의 원천이 될 수 있음을 알고 있다. 자신이 영감을 줄 필요는 없다고 생각하고, 오히려 일을 통하여 영감을 받을 필요가 있다고 생각한다. 그녀의 아킬레스건은 조직의 일상적인 관리업무로 인해 영감을 얻지 못하는 것들이다.

제인은 콜센터에서 마스터로 활동하고 있다. 이 브랜드는 잘 알려져 있으며, 이 지역과 문화를 대표한다. 텔레마케터는 교대 근무를 시작하고, 상담 센터는 활기차며, 방의 넓은 공간은 이상할 만큼이나 조용하다. 칸막이 줄을 따라가다 보면 아무도 볼 수 없다. 이 콜센터는 24개의 다른 사업체 고객에게 서비스를 제공하는 데 중점을 두고 있다. 각 사업체를 대표하는 모든 팀은 다른 색상의 스포츠 셔츠를 입는다. 몇 개의 벽에는 데이터 화면이 표시되어 팀에 주요 지표가 깜박이므로 분단위의 결과를 볼 수 있다. 일주일에 여러 번, 고객이 야기한 위기가 여러 팀에서 발생하며 영웅적인 노력으로 위기를 극복한다. 제인은 이러한 위기 상황에 거의 나타나지 않는다. 위기의 패턴은 상대적으로 이해하기 쉽다. 그러나 일을 개선하기 위한 전체적인 노력은 시도되지 않았다. 제임스, 프리야와 마찬가지로 제인은 여전히 리더로서 할 수 있는 것과 할 수 없는 것에 대해 배우면서 몇 년 동안 열심히 일했다. 그녀는 예전에 콜센터를 운영하고 싶다는 생각을 한 번도 해본 적이 없었다. 그것은 단순히 좋은 경력 이동이었다. 그녀에게 영감을 주는 역할 또한 주도하지도 않았다. 그녀의 상사는 그녀에게 콜센터에는 무언가 잘못되어 있는 상황이라서 구성원들이 그 일을 원하지 않으니 일을 그런 식으로 하지 말라고 여러 번 말했다.

제임스와 제인의 사업장은 인상 깊은 장소가 아니다. 잘 운영되는 관리의 기본은 존재하지만 사람들은 이동이 잦다. 계량적 목표를 달성하고 제시간에 전화를 받는 것보다 더 큰 목표와 영감을 주는 것은 없다. 대조적으로 프리야의 관리방식은 영감을 주는 디자인을 찾고 매력적인 공간에서 일하는 사람들에게 영감을 주는 건물을 만드는 데 기반을 두고 있다. 프리야는 영감을 주는 작업 또는 프로젝트가 사람들에게 미치는 영향을 근본적으로 이해하지만, 개인적으로 영감을 주는 일을 찾지 못하고 특정한 운영적인 일을 처리하는 방식으로 리더십을 풀어간다. 이 리더들은 여전히 일이 진척 중이라는 것을 이해하는 것이 중요하다. 그들의 경력단계에서, 그들은 각자 자신이 잘하는 것에 집중했다. 그들이 더 효과적인 리더로 성장함에 따라 그들은 모든 리더십의 핵심요소를 받아들일 것이다.

고취와 비전

링키지의 리더십 연구에 의하면, 가장 효과적인 리더는 고취 inspiration 란 요소에서 가장 높은 점수를 얻었다. 미래의 광범위한 목표나 비전을 제시하는 리더는 리더십 비전에 대해 명확하지 않거나 모호한 리더보다 효과적이다.

우리 연구에서 논쟁의 여지가 없는 세 가지 사실이 있다.

- 리더는 목표나 비전을 달성하기 위해 다른 사람들에게 영감을 줄 필요가 있다.
- 리더에게는 그 목표나 비전을 전달해야 할 필요가 있다.
- 언어에 영감을 부여할수록 의사소통은 더 효과적이다.

다른 리더십에 대한 요소보다 비전의 창출이 가장 명확하지 않으며, 아마도 그런 이유로 가장 잘 이해되지 않을 수도 있다. 그러나 우리는 모두 리더가 비전이 있다는 것을 알고 있다. 이러한 비전은 팀, 직무 또는 회사의 성과를 크게 향상하는 데 있다. 고객의 삶을 획기적으로 향상하는 새롭고 혁신적인 제품일 수 있다. 어쩌면 비전은 조직의 구성원들이 제품을 제공하기 위해 협력하는 동시에 자신의 삶을 향상시킬 수 있는 방법에 대한 것일 수 있다. 또는 비전은 미래의 조직을 구축하는 것일 수 있다.

비전이 무엇이든, 명확함과 목적으로 설명할 수 있을까? 비전이 모든 소음, 역설, 방해요소가 될 수도 있는 과거의 전통을 극복할 수 있을까? 우리가 요청하는 것은 중요하지 않다. 비전은 크고 어렵고 대담한 목표, 즉 계획, 방향 설정, 미래지향, 직감 또는 분별력이며 자신의 지혜와 상상력을 활용하여 미래를 묘사하는 방법이다. 그것은 미래에 무엇을 가질 수 있는지에 대한 정신적인 이미지와 관점이다. 또한 이것은 리더가 조직, 산업 및 고객의 상태에 대한 선견지명을 바탕으로 하는 추측이다. 모든 생각, 계획, 꿈, 그리고 세상을 보기 위한 노력과 세상이 어려울 때도 리더는 여전히 비전을 전달해야 한다.

연구과정에서, 우리는 많은 리더십 전문가들을 인터뷰했다. 리더십 비전과 관련된 데이터에는 두 가지 중요한 주제가 있었다.

- 리더가 만드는 비전은 리더 자신보다 더 큰 것을 위한 것이어야 한다. 즉 비전은 리더뿐만 아니라 집단이나 지역사회 또는 조직을 위해 더 나은 일을 하도록 하는 것이어야 한다.
- 비전은 윤리적이고 긍정적이어야 한다. 비전은 낙관적이어야 하며 공동선에 관한 것이어야 한다.

비전을 불러일으키는 소통

비전이 아무리 건조하고 기계적이든 상관없이 리더는 사람들이 목표를 달성하도록 영감을 주는 방식으로 목표를 공유해야 한다.

비전과 목표는 강압적이거나 감정적으로 모호하거나 스스로 이해하고 채택하기가 극도로 어려워서는 안 된다. 큰 비전을 위해서는 많은 사람의 노력이 필요하다. 그것은 모든 사람에게 전달되어야 하고 모든 사람이 채택할 수 있어야 한다. 모든 사람이 참여해 만든 비전에 대한 주인의식은 리더십 성공의 기초이다. 비전이 효과적이기 위해서는 정서적으로 비슷한 수준에 있는 사람들과 연결되어 있어야 한다. 비전은 사람들이 열정적으로 자신의 것으로 받아들이는 하나의 선언문이어야 한다.

선언문은 표현력이 뛰어나고 명확하며 매력적이어야 하고 다른 사람들이 비전 자체에 도전적 힘을 실어 줄 수 있는 동기를 느끼도록 해야 한다. 비전을 불러일으키는 연습은 리더로서의 하나의 기능이다. 서두에서 소개한 자동차 정비공을 다시 한번 살펴보자. 그는 리더가 될 준비가 되어 있지 않았지만 놀이터 아이디어를 너무 정직하고 활기차게 전달하여 최소한 백 명 이상의 사람들이 "그래, 나는 그 아이디어를 좋아한다"고, "그것을 기꺼이 도울 수 있다"고 말했다. 놀이터에 대한 단순한 생각은 우리 모두가 일부 성취 가능한 일과 계획, 어린이들에게 공감할 수 있다고 느꼈다. 분명히 이 리더는 훈련받지 않았고 경험도 없고 순박했다. 그러나 우리 모두는 그가 아이들을 대신하여 리더십을 발휘하는 것을 알고 있었다. 그것은 흥미로운 일이었을 것이다!

목표와 방향 제공

놀랍게도, 비전은 실제로 무엇인가 일어날 일에 대해 구체적이지 않다. 비전은 매력적인 방향을 가리키고 있지만, 거기에 도달하기 위해 무엇을 해야 하는지 알려주지 않는다. 따라서 누군가 또는 모든 사람이 비전을 일련의 집중된 결과물로 바꿔야 한다. 비전이 있는 구름에서 누군가를 내려놓고 꿈을 일련의 중요한 결과, 핵심적인 결과 또는 시간 기반 목표로 설정해야 한다. 비전에는 구조가 필요하다. 그것은 일련의 집중된 행동으로 구체화되어야 한다.

이러한 행동은 비전을 달성하는 데 필요한 운동량과 에너지를 만드는 것에 대해 사람들에게 영감을 불어 넣는 단계이다. 종종 한 사람의 머리에 있는 비전이 전달될 때, 그 비전이 모든 사람의 머리에 있는 것처럼 느껴진다. 결과적으로 모든 사람이 비전에 대한 주인의식을 느끼면 모든 사람이 비전을 달성하는 데 필요한 목표와 결과를 함께 만들도록 도울 수 있다.

전략적 사고 : 리더십 스킬

비전을 만들고 목표와 방향을 설정하는 것은 리더의 핵심 행동이다.
분명히 이것은 비판적, 창의적 또는 상상력으로 생각할 수 있는 리더의
능력과 관련이 있다. 이 스킬은 지면 수준에서 헬리콥터 수준까지, 실
용적인 사고에서 미래에 대한 사고에 이르기까지 도움을 줄 수 있는 것
으로 설명되었다. 그것은 전체를 볼 수 있고 모든 부분이 그 전체와 어
떻게 관련되는지를 설명했다. 그리고 그것은 공동체가 특정한 문제나
기회에 대해 생각하는 방식에 존재하는 모든 정통적 관점과 분리됨을
볼 수 있다고 설명되었다. 리더는 궁극적으로 특정 방향을 가리키는 의
사결정 틀을 만들 수 있다. 그것은 전형적인 문제해결 problem solving
과는 다른 기술이다.

목적의식이 있는 리더들의 모습을 살펴보면, 하나의 중심 기술이 눈
에 띄고 비전을 만들 수 있는 리더의 능력, 즉 전략적 사고를 하고 있
다. 전략적 사고는 비전의 창출과 밀접한 상관관계가 있으며, 리더십
효과 leadership effectiveness 와도 상관관계가 있었다. 미래를 보거나 사
각지대를 볼 수 있는 이 능력은 종종 목표와 비전의 초석이다. 전략은
다양한 문제로, 불확실성과 모호성을 처리하도록 설계된 정답이 없는
문제이다. 전략은 다른 사람들을 참여시키고 다른 사람들의 관점을 사
용하며 최종 의사결정에서 다른 사람들의 참여를 촉진해야 하는 리더
에게는 완벽한 상황을 부여한다. 대화는 필수적이다. 일관성 있는 리더
십 행동은 리더의 성공에 매우 중요하다.

전략적 사고는 고객의 요구와 경쟁사의 제품 및 서비스, 시장의 경제
상황을 평가하고 이점을 찾을 수 있는 곳에 대한 확실한 아이디어를

개발할 수 있는 능력이다. 전략적 사고가 혁신을 위해 준비된 제품이나 솔루션에 대한 아이디어일 필요는 없다. 기회나 문제를 융통성 있게 해결하기 위한 전략적 사고는 기회나 문제를 보는 방법을 위한 틀이다. 결국, 리더들은 현재 시점에서 미래에 대한 해결책을 찾고 있으며 적응력이 필요할 것이다.

역동적인 전략적 사상가들은 몇 가지 관행이나 습관을 지니고 있다고 말하는 것이 안전하다. 그들은 아마도 여러 관점을 학습하는 행동이 뛰어날 것이다. 그들은 경청하고, 사람들이 제품, 서비스 또는 아이디어에 심취할 수 있는 중요한 방법을 이해한다. 또한, 동료 및 대중과 아이디어를 검증하는 데 능숙하다. 전략적 사고는 또한 모든 리더의 기본 스킬인 판단 및 의사결정과 관련이 있다. 하지만 모든 문제가 리더십 스킬이 잘못되었기 때문은 아니다. 사람들은 항상 올바른 실행을 위해 해결방안을 찾아야 한다. 그리고 목적이나 목표부여를 위해 사람들에게 활력을 불어넣는 역할을 하는 것이 리더십의 실제이다.

사례 연구
줄리아 길라드 Julia Gillard 의 목적의식이 있는 리더

우리는 어디보다 정치 세계에서 '리더십'이라는 단어를 더 연관시킨다. 정부와 정치에 대한 토론을 들어 보면 '리더십'이라는 단어가 대화에 영향을 줄 것이다. 줄리아 길라드는 3년간 호주 총리로 재직했다. 그녀는 가장 능숙한 협상가이며 논란의 여지가 있는 탄소세를 지지하는 사람으로 가장 잘 알려져 있으며, 이에 대해서는 부정보다는 더 많은 긍정적 지지를 얻고 있었다. 또한 교육 기금을 정비하고 장애인들에게 더 많은 혜택과 돌봄을 제공했다. 여성으로서 국가를 이끌었고 편견으로 인해 엄청난 비난을 견뎌냈지만, 그녀의 목적 감각으로 모든 것을 다루었다. 다음과 같이 회고한다.

나의 개인적인 과거 경험은 내게 이런 메시지를 준다. 만약 당신이 달성하고자 하는 것에 대해 명확한 관점을 가지고 정치에 뛰어들면 당신은 정부 조직을 구축하고 그러한 것들을 운영하는 특권을 얻는다. 그러면 긍정적인 차이를 만들어 미래를 만들 수 있다. 나는 정부의 힘을 믿는 사람이다. 사람들, 특히 공공 서비스와 공공 생활에 관심이 있는 젊은이들과 대화 할 때 항상 그 목적, 이유를 분명히 이해하는 데 관심을 기울였다. 현대 정치의 사례는 너무나 거칠고 미디어 주기가 너무 빠르기 때문에 달성하려는 목표가 무엇인지 확실하지 않은 경우, 강요당하고 의도하지 않은 일을 할 수 있는 모든 위험이 있다. 또는 많은 일을 하려 하지 않을 수 있다. 목적의 명확성이 그 어느 때보다 중요하다.

많은 사람이 앉아서 자신이 해야 할 일에 대한 명확한 아이디어를 개발하지 않았다. 내가 가장 친한 친구로부터 조언을 받은 한 가지 일은 앉아서 내가 이끄는 정부의 목적을 기록하는 것이었다. 어려운 날에는 항상 자신을 견실하게 하여 그 목적을 위해 최선을 다하는 것은 쉬운 일이었다. 목적에 대한 명확성 부족은 큰 장애 요소다. 나는 사람들의 시간과 에너지에 대한 커다란 경쟁적 요구가 사람들을 그들의 진정한 목적으로부터 왜곡한다고 생각한다. 그들이 일을 끝내려고 하지는 않는다. 단지 다른 모든 것들이 모여있는 것이다. 시간 관리에 대해 숙달하고 시간을 내어 자신의 목적에 핵심이 되는 일을 성취하는 것은 중요하다 받은 편지함이나 일기 작성 등의 일상적으로 반응하기보다는. 정부의 세계에는 많은 장애물이 있다. 현시대의 정치는 매우 당리당략적이므로 변화를 제안하는 사람은 누구나 반대와 저항을 맞이할 수 있다. 그 반대와 저항은 정치적 반대자들에게서 나올 수 있다. 이해관계자들로부터 올 수도 있다. 특정 공동체나 특정 미디어 집단에서 나올 수 있다. 변화의 과제에 대해 더 많은 사람과 함께 할 수 있도록 세밀하게 조정된 전략이 필요하다.

"고취하다"라는 말은 내가 대중의 지지와 공공 정책을 다루는 삶을 살아왔기 때문에 가장 많이 나를 대변해 준다. 당신이 주위 사람들에게 영감을 주면 민주주의에서 큰일을 달성한다. 정부의 경우 아마도 가장 도전적인 것은 "혁신하다"이다. 정부의 도구들과 변화 리듬은 혁신적이기 어렵다는 것을 알게 된다. 민주주의에 스트레스와 긴장을 가하는 한 가지는 세계의 많은 지역이 파괴와 혁신의 대상이 되었을 때, 특히 사람들이 오늘날 그들의 나라와 민주주의에서 무슨 일이 일어나고 있는지에 대한 정보를 얻는 방법에 대해 혁신하지 않았다는 것이다. 정부는 더 민첩하게 행동하는 다른 많은 배우보다 더 느리게 움직여서 혁신에 대한 도전과제를 더 어렵게 찾는 경향이 있다.

정부는 위험도가 낮다. 이해할 수 있는 모든 소득에 대한 세밀한 납세자 조사가 많기 때문에 정부가 위험을 감수하고 실패할 수 있는 일을 시도하기는 어렵다. 민첩한 기업, 민첩한 자선사업은 위험을 감수할 수 있는 반면, 실패의 결과는 실제로 공공 영역에서 크게 나타난다. 위험을 수용할 수 있는 범위에 있어 효과가 있다면 환상적이다. 그렇지 않은 경우 사람들은 실패에서 배우고 계속해서 다른 일을 한다. 그것이 받아들여지는 이유이고 접근방법이다. 정부에서는 그렇지 않다.

줄리아는 처음 정치에 입문했을 때 리더십에 대한 조언을 받았으며, 그 조언은 앞으로 나아가면서 경험할 복잡성과 확고한 관점을 이해하는 데 도움이 되었을 것이다. 또한 그것은 그녀의 기초, 즉 목적으로 사용되었다. 그녀는 자신이 누구인지, 리더로서 자신이 무엇인지 이해했다. 그녀의 깊은 관심은 그녀의 플랫폼이 되었으며, 그 주위에 연합체를 구축했다. 그녀는 목적으로부터 출발했다.

목적에서 숙련까지

리더가 되는 것은 시간이 지남에 따른 여정이다. 변화를 현실로 만드는 방법에 대한 여정이다. 리더는 비전을 만들거나 비전을 만드는 것을 돕는다. 그들은 비전및 그 자체을 중심으로 조직을 구축하여 비전의 경로를 활성화하고 구성한다. 그들은 필요한 분위기를 조성하고 조직의 핵심 영역이 비전을 달성하기 위해 중요한 방법으로 혁신할 수 있도록 초점을 맞춘다. 또한 목표 달성을 가능하도록 하기 위하여 사람, 프로세스, 기술 및 자금을 조직화한다. 좋은 비전은 현재 상태와 비교하여 미래의 모습을 명확하게 구분한다. 비전은 해결해야 하는 현재 상태의 긴장을 만든다. 우리는 비전의 인도를 받으면 매일 그 비전을 현실화하기 위해 무엇이 필요한지 스스로 묻는다. 비전은 미래를 설명할 수 있지만, 지금 일어나고 있는 일을 바꿀 때 성공적이다. 비전 지향의 조직은 안정적이지 않다. 그들은 끊임없이 자신의 미래에 대한 비전의 모습과 같아지기 위해 부단히 변화하고 노력하고 있다. 그들은 자신과 고객, 이해관계자들에게 더 나은 쪽으로 나아가고 있다는 것을 이해한다.

  다음 장에서 볼 수 있듯이, 리더의 비전은 삶의 경험, 윤리 및 공정성, 옳고 그름, 아무도 볼 수 없는 문제 또는 문제에 대한 분별력에서 비롯된다. 그렇지 않으면 리더의 비전은 오늘보다 더 나은 미래가 있다는 단순한 믿음으로부터 온다. 비전은 '무엇인가 what is'에 대한 리더의 경험에서 비롯되며 '무엇이 될 수 있는가 what could be'로 진화한다. 거기서부터 세련되고 연마되고 조정된다. 나의 멘토인 도넬라 메도우 Donella Meadow 는 "위대한 목표가 모든 것을 바꾼다 Great goals change everything "라고 말하곤 한다.

비전 Vision

Q 매일 침대에서 일어나 일을 하게 되는 동기는 무엇인가?

Q 매일 침대에서 나올 때 누구에게 영감을 주는가?

Q 당신은 리더로서 역할 모델인가? 보살피는 사람인가? 당신의 인재
들을 개발하는가? 용기가 있는가? 좋은 경청자인가? 뭔가에 대한
열정이 있는가? 긍정적 분위기를 주도하는 사람인가?

Q 리더십의 결과로 무엇을 얻고 싶은가? 기간(예 : 3년)을 설정하라. 3년
동안 당신이 이끄는 팀, 직무, 회사는 당신에 의해 무엇이 달라질 수
있을까? 주변에 에너지가 있는가? 자신감은? 낙관적인가?

Q 조직의 사람들이 비전에서 영감을 받을 수 있게 하려면 어떻게 할
것인가?

Q 당신의 비전을 듣고 있는 누군가에게 영감을 주는 메시지는 어떻게
보이고, 들리며, 어떤 느낌이 있는가?

Q 다른 사람들이 그 꿈을 함께 만들 수 있는 자유를 가질 수 있도록
하려면 어떤 비전을 만들 수 있는가?

Q 다른 사람들이 성공과 인정을 느낄 수 있는 비전은 무엇인가?

Q 어떻게 비전이 잘못될 수 있을까? 다른 사람들이 더 나은 비전을 공동으로 만드는 데 도움을 줄 수 있는 곳은 어디인가?

Q 조직에 전략적이고 경쟁적인 이점을 제공하는 것은 무엇인가?

Q 비전의 에너지, 긍정성 및 진정성을 느낄 수 있도록 비전을 여러 번 반복하는 습관이나 의식을 어떻게 개발할 수 있는가? 비전이 모든 사람에게 가장 좋은 것이라고 어떻게 확신할 수 있는가?

Q 비전을 달성하기 위해 중요한 움직임을 대본으로 쓸 수 있다면 그러한 움직임은 무엇인가? 이러한 움직임이 어떻게 목표가 될 수 있는가?

4장
가장 큰 동기
: 자신과 자신의 상황을 연결하는 방법

나에게, 성장한다는 것 becoming 은 어딘가에 도착하거나 특정 목표를
달성하는 것이 아니다. 나는 그것을 앞으로의 움직임, 진화의 수단,
더 나은 자아를 향해 지속해서 도달하는 방법으로 본다.
여행은 끝나지 않는다. 어머니가 되었지만 여전히 자녀들로부터
배우고 줄 많은 것들이 있고 아내가 되었지만 다른 사람과 진정으로
사랑하고 인생을 함께하는 것의 의미에 따라 계속 적응하고 겸손해진다.
나는 어떤 계기로 힘이 있는 사람이 되었지만 여전히 불안하거나
들리지 않는 순간이 있다. 그것은 모든 과정이며, 경로를 따라가는
단계이다. 성장하기 위해서는 동등한 부분의 인내와 엄격함이
필요하다. 성장한다는 것은 더 큰 일들이 진행될 것이라는 아이디어를
절대 포기하지 않음을 의미한다.

– 미셸 오바마 Michelle Obama

리더는 타고나는 것인가?

리더의 가장 중요한 능력은 사람들을 다른 곳으로, 새로운 기회의 세계로 데려갈 수 있는 능력이다. 리더들은 비전의 관리자이며 장기적인 관점을 갖는다. 흥미롭게도, 내가 리더십 분야에 종사하는 동안, 아무도 비전을 중심으로 사람들을 조직하는 것이 자신의 진정한 소명이라고 말한 것을 들은 적이 없었다. 사람들이 그 비전을 실제 가능성으로 구체화하기 위해 재능있는 사람들의 집합체를 구축하거나 참여시킬 무언가를 믿게 만드는 것은 무엇인가? 어떤 선택을 해야 하는가? 어떤 지원이 필요한가? 어떤 경험이 중요한가?

제임스, 프리야, 제인은 리더로 성장하고 있다. 그들은 각자 자신감을 느끼고 있으며 경영진의 지원을 받고 있다. 그들은 각자 서로 다른 리더십을 가지고 있다. 제임스와 제인은 여전히 자신과 자신의 리더십을 찾으려고 노력하고 있다. 프리야는 자신의 목적을 찾았지만 진정으로 정렬된 조직을 찾는 데 어려움을 겪고 있다.

내가 제임스를 처음 만났을 때, 그는 리더십 성장에 관한 이 이야기를 완벽하게 표현했다. 일과 공부를 병행하며 훌륭한 대학을 졸업했다. 먼저 카페에서 일한 후 도서관에서 일했다. 고학년 때에는 도서관에서 심야 및 주말 교대 근무를 했다. 사람들은 종종 그가 밤늦게 대학 도서관에서 어떤 일이 일어나는지 믿지 않을 것이라고 말할 때 그를 보면서 어리둥절하곤 했다. 제임스는 사람들의 세계에서 일어나고 있는 긍정적이고 부정적인 것을 다루는 것을 배웠다. 그는 일부 시나리오를 다루는 대학 문학 잡지에 일련의 단편 소설을 썼는데 온라인 소매업체가 그를 채용했다. 불행히도, 그는 졸업 직전에 아버지의 죽음을 맞이해야 했다. 그의 아버지는 여러 대학생과 파트너십을 맺고 금융 기관들이 지배하는 동부지역 도시에 회계 사무소를 설립한 회계사였다. 건강한 편이었고 매우 규칙적인 삶을 살았기에 아버지의 죽음은 모든 사람에게 충격을 주었다.

초기 도전에 어려움을 겪고 난 후 제임스는 그의 상사의 상사가 관리하는 프로젝트를 받았으며 제임스는 직속 상사의 간헐적 간섭에도 불구하고 대박을 터뜨렸다. 이로 인해 더 크고 더 중요한 다른 프로젝트를 여러 개 수행하게 되었다. 제임스는 이 프로젝트를 통해서 주요 역량을 개발했다. 프로젝트 업데이트, 프로젝트 시작, 예산 관리, 자원 할당 및 소프트웨어 개발 프로젝트를 익히고 다양한 마케팅 시스템에서 제공되는 많은 유형의 정보를 관리했다. 제임스의 멘토가 온라인 회사를 떠날 때 그는 커다란 책임을 맡게 된 새로운 회사에서 제임스를 신속하게 채용했다.

제임스는 새로운 조직에서 집중력 있고 성과 주도적이고 야심 찬 사람으로 빠르게 명성을 얻었다. 놀라운 점은 숫자를 다루는 능력이 향상된 것이었다. 그는 학교에서 수학이나 미적분학에 대한 어떤 재능도 보여주지 않았고 회계사 사무실에서 자신의 자리를 잡지 못할 것이라고 아버지에게 항상 놀림을 당했었다. 제임스는 스프레드시트를 보지 않고도 크고 복잡한 스프레드시트의 오류와 문제를 쉽게 찾을 수 있는 프로그램을 개발했다. 그는 숫자에 관한 전문 지식을 가지고 자신의 부하직원들에게 충격을 주거나 겁을 주었다. 그의 깊은 이해는 마케팅 경제와 수학에 확고히 뿌리를 두고 있었다. 다른 사람들은 그의 비공감적인 면과 판단력에서의 결점을 찾아냈다. 또한 주위의 모든 사람으로 하여금 조급함을 더 갖게 하였지만 일만큼은 제대로 해냈다.

그의 명성이 커짐에 따라, 그의 멘토는 그를 최고 마케팅 책임자에게 보고하는 3명의 마케팅 리더 중 한 사람으로서 포춘 500대 기업으로 데려갔다. 제임스는 100명이 넘는 부하직원을 관리하며 많은 책임을 맡았지만, 회사나 업계와 정서적인 관계는 없었다. 외부의 시각에서 보면 그는 커다란 야망을 가지고 있는 사람으로 보였다. 제임스는 구성원들이 붙잡고 싶어하는 사람이 되었고 마케팅의 특정 분야에 깊은 전문 지식을 갖춘 핵심 그룹을 만들기 시작했다. 구성원들은 그와 함께 우수한 성과 문화를 만들기 시작했다. 제임스의 상사는 이 모든 사람에게 분명히 몇 가지 핵심 문제와 딜레마가 있었음에도 얻은 결과에 분명히 영향을 미쳤다. 제임스와 그의 동료들은 다른 사람보다 몇 달 먼저 문제를 예견하고 그러한 문제를 기회로 활용할 수 있는 능력을 개발했다. 그들의 마케팅 계획은 선견지명이 있었다. 제임스는 30대 후반에 들어서자 높은 급여를 받았고, 규모가 큰 일을 맡았으며, 일 중독자가 되었다.

프리야는 다른 경로의 리더가 되는 길을 택하였다. 그녀는 일찍부터 구조 공학자가 되고 싶었고, 유명한 동부 지역 공대에서 장학금을 받았다. 공학자의 딸이며 강의실에서 우수한 학생이자 지칠 줄 모르는 네트워킹 전문가였다. 학업은 그녀에게 쉬운 일이 아니었지만, 그녀는 매우 부지런하고 철저하게 자신을 관리하였다. 시험 준비를 게을리하지 않았고 철저하게 준비하였고 종종 좋지 못한 문제를 내거나 성적이 늦게 발표되면 교수를 찾아가서 질문했다. 교수가 시험을 잘못 채점했거나 여러 가지 다른 방법으로 대답할 수 있을 정도로 모호한 점을 느꼈을 때 교수와 열띤 토론을 벌였다. 그녀는 업계에서 주목할 만한 사람들을 많이 만나고 특강에서 연설을 듣고, 칵테일 파티에서 대화를 나누는 등 가능한 모든 기회를 가졌다. 모든 반 동료들을 알고 교수와의 강한 관계를 맺었다. 결과적으로 거의 수석으로 졸업할 수 있었다.

졸업 후 최고의 엔지니어링 회사에서 소중한 인턴 프로그램에 참여하게 되었다. 회사는 그녀를 채용했고 책임감 있고 눈에 띄는 위치로 빠르게 승진했다. 프리야는 끊임없이 일을 잘 할 수 있는 새로운 방법을 찾고 있었고 그녀가 선택한 것은 큰 성과가 있었다. 그녀가 다니는 건설 회사가 다른 회사에 의해 합병되었을 때, 서부지역의 유명한 엔지니어링 프로그램에 지원하여 석사 학위 취득을 위해 떠나기로 했다.

그녀는 다시 비즈니스 세계로 돌아와 가족 중심 경영의 건설 회사에서 프로젝트 리더의 일을 수행했다. 이 역할에서 우수하고 재능있는 엔지니어 그룹 구성원들이 그녀와 함께 일함으로써 결과에 어떤 영향을 미칠 수 있는지를 보았고, 재능에 대한 안목을 키웠다. 그녀는 자신과 같은 젊은 재능을 가지고 일하는 사람들을 좋아했다.

프리야는 고객과 어떤 종류의 설계 및 프로세스가 진행될 것인지에 대한 소통 능력이 뛰어났다. 그녀는 무슨 일이 일어날지, 프로젝트에서 위험과 기회가 어디 있는지에 대해 강한 예측이 있었고, 때로는 비교와 유추를 하면서 소통할 수 있었다. 업계의 모든 사람을 알았으며 지속적이고 의식적으로 훈련하면서 모든 사람의 직감을 키웠다. 그녀는 위험을 감수하고 대가를 지불했다. 프로젝트 중 하나 또는 두 개가 논쟁적이고 실패한 디자인 문제로 어려움을 겪었을 때 이를 잘 관리하여 성공으로 이끌었다. 계속 그녀의 고객을 지원하기 위해 일했고 고객은 그녀가 프로젝트를 담당할 것을 요구했다. 하지만 이것은 회사 안에서도 잘 받아들여지지 않았다. 그녀는 회사 내 같은 직급에서 유일한 여성이었고 동료들로 인해 종종 힘든 일을 겪었다. 그녀의 고객들이 그녀를 완전히 신뢰하기 시작했을 때, 회사 내부에서 그녀의 상황은 더 나빠졌다. 젊고 재능있는 엔지니어들도 그녀의 동료와 일하기를 원하지 않았다.

몇 년 후, 프리야는 경영대학원MBA 을 가기로 했으며, 아마도 가장 유명한 MBA 프로그램에 참여했다. 그녀가 옛 회사로 돌아왔을 때 모두를 놀라게 했다. 갑자기 그녀의 말은 조직 전체에 많은 영향을 미쳤다. 본질적으로, 그녀는 건축 분야의 전문가로 회사의 주요 조직을 재편하는 데 영향을 미쳤다. 회사의 모든 직원은 다른 시공 시나리오의 전문 영역까지 다루었다. 그러나 프리야는 경영진도, 가족도 아니었다. 새로운 전략과 조직 설계를 개념화하는 데 중요한 역할을 했음에도 불구하고 다른 사람들과 마찬가지로 조직의 싸움에 휘말리게 되었다. 모든 것이 해결되었을 때, 회사의 가장 큰 부문에서 오너 가족을 위해 일하게 되었다. 사실상 이 부문의 리더였으며 오너 가족 멤버에게 업무를 보고하며 일을 다시 시작했다.

프리야는 항상 비즈니스의 기술적인 측면에 대한 열정을 보여주었다. 설계 프로세스, 엔지니어링 프로세스, 시공 프로세스와 고객 관계 프로세스 등에서였다. 그러나 그녀는 실제로 조직 프로세스에는 익숙해지지 않았다. 항상 조직 프로세스가 부정적 목표나 방어적 목표에 관한 것이라고 느꼈으며, 불필요하게 많은 양의 불필요한 작업을 만든다고 생각했다. 프리야는 반경 150마일 내에서 훌륭한 건설 직무를 수행하고 있는 거의 모든 사람을 알고 있었기 때문에 누군가를 채용해야 할 때, 찾고 있는 사람들을 정확히 알았고 그들을 채용하는 방법도 정확히 알았다. 그녀에게는 채용 담당이 인재를 고용하기 위해 하는 절차나 다루는 이력서, 인터뷰, 평판 조회를 위한 전화 등이 쓸모가 없었다. 프리야에게 필요한 최고의 인재들은 종종 지원조차 하지 않았다. 그녀는 대부분의 조직 및 재무 프로세스를 비슷한 상황으로 보았다. 그들에게 인내심이 없었으며, 그녀가 대학교수에게 접근하였던 방식처럼 프로세스 관리자들에게 자신의 프로세스로 영향을 미쳤다. 그녀에게는 때때로 냉혹하고 가혹했다. 여전히 경영진은 그녀를 조직의 떠오르는 별로 보았다. 고객과 건축가는 그녀를 사랑했고 계약자는 회사의 다른 사람들보다 그녀가 건축하는 것을 선호했으며, 조직의 핵심인재들은 그녀와 함께 일하고 싶어했다. 경영진은 그녀의 모난 부분을 그들이 쉽게 부드럽게 만들 수 있다고 생각했다.

제인은 리더십을 향한 여정에서 또 다른 길을 택했다. 제인은 인문학 전공으로 차별화된 주립 대학을 졸업했지만, 대학 졸업 후 일자리를 구하는 데 어려움을 겪었다. 그녀는 대학 시절에 학생회에서 지도 교사로 일했으며 심지어 100명 이상의 지도 교사들의 전체 운영을 담당하기도 했다. 지도 교사와 학생들을 연결하는데 뛰어나서 서로 잘 어울릴 수 있도록 했다. 또한 지도 교사의 채용 프로세스를 관리하고 예산을 관리하며 품질 측정 시스템을 개발했다.

대학 졸업 후 경력관리의 어려움은 6개월 이상 지속되었지만, 결국 대형 은행에서 출납원으로 일하게 되었다. 그녀는 그녀의 한계를 뛰어넘어 자기 지점에서 최고의 출납원이 되어 엄청난 보상을 받았다. 결국, 주목을 받고 출납원 운영을 감독하는 지역 사무소장으로 승진했다. 개인 전문가로서 그녀는 종종 지점과 출납원 운영을 감시했으며 사업을 배웠고 결국 모든 프로세스와 절차에 능숙한 것으로 이름을 알렸다. 은행의 콜센터에 관리자 자리가 났을 때, 그 자리에 지원했고 합격할 수 있었다.

그녀는 새로운 직책에서 전문 지식에 크게 의존하면서 따뜻하고 겸손하면서도 확고한 관리자로 성장했다. 그리고 성장함에 따라 그녀의 성장은 조직적인 측면이 아닌 비즈니스 운영 측면으로 편향되었다. 다른 사람을 채용, 해고, 개발, 참여 및 멘토링하는 법을 실제로 배운 적이 없었다. 그녀는 대부분의 경력을 스페셜리스트로 활동하면서 자신의 전문영역을 잘 유지함과 동시에 전문 훈련가였다. 제인은 여러 번의 승진을 하였으며 콜센터장이 병가로 인해 떠날 때 콜센터 전체100명 이상의 전화 담당자, 8명의 관리자 및 4명의 임원가 자신에게 보고하는 자리로 승진했다. 그녀는 일을 제대로 하는 데 어려움을 겪고 있는 조직을 물려받았다. 그 조직은 지속해서 인력 부족과 교육 부족, 점점 더 많은 고객 문제 처리, 지나치게 특정 리더에 의존하는, 바람직한 조직이 아니었고, 여러 법적 문제로 어려움을 겪고 있었다. 흥미롭게도, 그녀는 은행이 했던 것처럼 그 조직을 인수했다. 새로운 은행을 콜센터에 통합하는 것이 일상이 되었으며 첫해에 사업 규모가 폭발적으로 증가했다.

제임스, 프리야, 제인은 자신이 알고 있는 것과 사람들이 누구인지에 따라 서로 다른 리더십의 위치에 있다. 그들의 주요 전문 영역에 있을 때 그들은 편안함을 느낀다. 그들은 여전히 그들의 전문영역에 사로잡혀 있고, 여전히 리더로서의 목표를 찾으려고 노력하고 있다.

리더들은 만들어지는가? 리더는 어떻게 리더가 되는가? 어떻게 고취하고, 몰입하고, 혁신적이며, 목적 지향적인가? 모든 리더가 태어나면서 부모와 조부모님이 가진 특정한 선천적인 특성을 가지지만, 우리가 실제 모습을 만들어가는 것은 경험과 가치를 통해서이다. 다행히도 이러한 특성, 가치 및 행동은 우리 조직과 공동체에서 주목할 만한 것이다. 우리가 특정한 가치와 원칙을 성찰할 때, 조직의 현재 리더들은 우리를 주목한다. 그들은 우리를 발탁하고 팀 리더나 프로젝트 리더가 될 수 있는 기회를 준다. 우리는 우리가 할 수 있는 일을 보여줄 기회를 얻게 되고, 그 과정에서 가치있는 경험을 얻는다. 이제 솔직해지자. 이러한 관계가 발전하는 과정에는 편견이 존재한다. 리더들은 제인이나 제임스와 같은 젊은 사람을 선택하고, 자신과 똑같은 것을 소중히 여기며 동일한 기본 품성과 특성이 있을 가능성이 높다. 그러나 기회는 경험을 일깨우고 가치있는 리더십 경험을 얻는다.

실무 전문가에서 리더로

우리의 리더십 사례를 검토하면서 우리는 리더들이 시간이 지남에 따라 성장하고 발전하는 방식에 관한 몇 가지 주요 패턴을 보았다. 패턴에 대해 분명한 것은 개별 리더가 서로 다른 개별 경로를 보여주지만, 동일한 기본 패턴이 많은 부분 존재한다는 것이다. 제임스, 프리야 및 제인이 모두 예를 들어 설명하듯이, 우리는 8가지 주요 개발 경험군을 보았다.

1. 초기 리더십 경험. 사례에서 우리가 살펴본 리더의 상당 비율은 경력 초기에 중요한 리더십 경험이 있었다. 이러한 경험에는 종종 멘토, 스폰서, 나이와 경험 수준에 따른 특별한 책임과 관련이 있다.

2. 역량 습득. 우리는 패턴을 찾을 수 없었지만, 개발 중인 리더는 뚜렷한 복합적인 역량을 습득하고 구축했다. 그들은 서로 고립된 상태에서 스킬을 구축하지 않았다. 그들은 본질적이고 전체적으로 역량들을 연계하고 개발하였다.

3. 목표 설정의 기술. 리더십은 단순히 일이 잘 이루어지거나 팀 실행이 잘 이루어지고 있는지 확인하는 것 이상이다. 단지 핵심을 보존하는 것 이상의 의미를 가지고 있다는 것이다. 짐 콜린스 Jim Collins 가 말했듯이 "리더십은 진척을 자극하는 것에 관한 것이다." 리더들은 한 그룹의 사람들과 함께 일하고 조직이 추구해야 할 올바른 목표를 찾을 수 있을 때 전략가, 변화 전도사 및 컨설턴트이다. 그들은 5명으로 구성된 팀뿐만 아니라, 50명으로 구성된 부문 또는 모든 종류의 문화와 경계에 걸쳐 매우 큰 규모의 사람들을 위한 목표를 설정하는 방법을 배운다.

4. 목표를 달성하기 위해 학습하는 리더들. 목표를 개발하는 것은 한 가지 일이며, 많은 리더는 위대한 목표를 분명하게 표현할 수 있다. 사람, 프로세스 및 시스템을 품질 표준과 함께 구성하고 목표를 향한 추진력을 창출하는 것은 또 다른 일이다. 또한 5명, 50명, 500명, 5,000명 이상이 이 일을 수행하는 것은 매우 좋은 일이다. 활용

사례에서 보면 회사와 산업별로 실행 방법이 다르다. 사람들을 다른 그룹과 의사소통하고, 서로 순환고리를 구축하고, 팀과 기능 사이에서 여러 가지 연결 프로세스를 개발하고 실행력을 배우며, 이 모든 것을 둘러싼 문화를 형성하도록 사람들을 구조화한다.

5. 목적의식 있는 리더가 되기. 조셉 캠벨 Joseph Campbell 의 저서 『영웅의 여정 The Hero 's Journey』에서 '성장하는 것 Becoming'이 가장 잘 표현되고 있다. 진정한 영웅은 여행을 떠나고 진정한 여정은 육체적인 도전이 아니다. 진정한 여정은 내부 과제, 직관성을 가지고 매일 무언가를 10년 동안 수행하면서 어떤 것을 만들어내는 결과이다. 진정한 여정은 사람 안에서 일어나는 일이다. 『동시성 Synchronicity』의 저자이자 '미국 리더십 포럼 American Leadership Forum'의 설립자인 조셉 자워스키 Joseph Jaworski 는 다음과 같이 말한다. "리더십은 미래와의 관계를 제공한다. 그것은 행동을 요구하는 부름이다."

6. 비전이 되는 목표. 결국 리더는 리더로서 사는 세상에 대해 더 크고 미래 지향적인 시각을 구축한다. 우리가 안목과 비전에 관해 이야기할 때, 그것은 고객이 필요로 하는 것을 알 수 있고, 경쟁 업체보다 먼저 차이를 메울 수 있는 목표나 아이디어를 제시할 수 있는 방식으로서 당신의 산업에 어떤 차이가 있는지 알 수 있게 해 준다. 비전 전문가는 고객이 제품을 필요로 하기 전에 제품이나 아이디어를 앞서 추진하는 사람이다. 리더들은 업계가 이러한 것들을 개발하고 있지 않다는 것을 알고 있다.

7. 팀을 이끌기 위해 학습하는 리더. 모든 리더의 개발 경로에서 팀을 이끄는 것이 학습의 큰 부분이라는 것은 분명했다. 정말 다양한 개인을 찾아서 "함께 생각하는thought together" 집단으로 만들면 누구나 예상했던 것보다 실행 방법을 배우기가 더 어려워졌다. 각 개인의 개별 목표와 계획을 수립하고, 사람들의 야망을 점검하고, 소극적인 팀원을 지원하며, 팀이 서로의 생각을 모을 수 있도록 도와주는 것은 어렵다. 팀 역학은 배우기가 매우 어렵다는 것이다.

8. 리더가 리더를 지원하고 개발하기 위한 학습. 우리의 연구에서 분명하게 드러난 것은 모든 리더가 달성하려는 목표가 팀 구성원이 아닌 다른 리더의 참여를 요구할 때 비즈니스 또는 조직 생활의 한 지점에 도달한다는 것이다. 어떤 시점에서 모든 리더는 다른 사람들이 책임, 의사소통, 조직, 목표의 주요 부분을 수행하도록 하는 법을 배워야 한다. 물론 이를 달성하는 가장 좋은 방법은 자신만큼 목표에 전념하는 리더를 만드는 것이다. 비전을 잘 받아들이는 것이 아닌, 비전에 관해 마지못해 따르는 리더들은 채용할 수 없다.

우리의 리더십 사례가 이 8가지 패턴을 보여 주었음에도 불구하고, 개인들이 이 8가지 주요 경험을 어떻게 얻었는지에 대한 뚜렷한 패턴을 보여주지 못했다. 실제로 일부 효과적인 리더들에게는 이 중 하나나 둘이 빠져있었다. 실제로 우리가 발견한 것은 일부 리더들이 이러한 경험 없이도 리더십을 발휘하는 데 효과적이었다는 것이다. 리더와 리더십에 대한 많은 신화가 있다. 사람들이 비전이나 목표를 달성하도록 영감을 불어 넣는 것은 매우 복잡한 행동이다. 그러나 이러한 복잡성은 오해와 잘못된 이해로 이어진다. 궁극적으로 이런 경험이 없는 리더들은 수십 년에 걸쳐 개발된 강력한 목적의식을 가졌다. 우리는 그런 경험을 찾을 수는 없었지만 목적의식을 찾았다.

> **사례연구**
>
> ## 칼라 해리스 Carla Harris 의 사례
>
> 칼라 해리스 Carla Harris 는 모건스탠리의 부사장이자 선임 고객 담당 자문이다. 그녀는 회사 전체의 수익 창출을 향상하기 위해 고객과의 접촉을 늘릴 책임이 있다. 30년 동안 해리스는 기술, 미디어, 소매, 통신, 운송, 산업 및 의료 분야에서 광범위한 산업 경험을 쌓았다. 2013년 8월, 해리스는 버락 오바마 대통령에 의해 전국 여성 비즈니스 협의회 의장으로 임명되었다. 뛰어난 작가, 가수와 연사로서 해리스는 목적의식 있는 리더십에 대해 다음과 같이 말한다.
>
> '성장하다 Become '라는 것은 당신이 도착한 적이 없다는 것이다. 당신은 당신이 리더십을 발휘할 자격이 있는 공간에 도착할 수 있지만, 현명하다면 항상 배우게 될 것이다. 당신은 다른 무언가가 되고 있다. 당신은 선임 리더가 되고 있다. 당신은 더 나은 리더가 되고 있다. 당신은 성숙한 리더가 되고 있다. 원리에 대해 더 많이 생각한 후에 '성장하다 become '라는 것은 내게 의미가 있었다. 본질적으로, 당신은 항상 발전할 것이라는 데 동의한다. 나는 위대한 리더의 말을 들을 때마다 자연스럽게 그들이 궁금하다고 말한다. 그들은 항상 무언가를 찾는 사람이다.

분명히, '고취'와 '성취'는 특히 리더십 역할 leadership role 을 처음 가질 때 해야 할 일이다. 일반적으로, 당신은 이사회에 몇 가지 요점을 두기 때문에 리더십 역할을 한다. 제작자 문화에서, 일부 리더들이 훌륭한 제작자이기 때문에 리더 역할을 부여받았다는 것은 곤란한 이야기이다. 그렇다고 해서 그 사람이 위대한 리더나 훌륭한 관리자가 될 수 있다는 것을 의미하는 것은 아니다. 그들은 지금까지 훌륭한 제작자였다. 제작자 문화에서, 당신은 성과의 결과로 리더십, 지위, 권력, 영향력을 가진 사람들에게 보상한다. 그러나 이것이 미래에도 통할 방법은 아니다. 밀레니얼 세대와 Z세대가 요구하는 것에 대해 생각한다면, 그들은 이끎, 관리, 영감을 받고 동기를 부여받기를 원한다.

젊은 세대는 초기에 삶의 목적과 의미를 원한다고 표현했는데 이것은 베이비붐 세대의 말을 듣지 못한 것이다. 당신은 베이비붐 세대가 25년이나 30년 동안 무언가를 한 후에 은퇴하려고 할 때 이것으로 어려움을 겪는 것을 보았다. "이 모든 것이 무엇을 의미하는가? 나는 경험, 직책, 물질적인 것들을 얻었지만 세상에 어떤 발자취를 남겼는가?"

예전에는 자선 단체가 일정 수준의 역량이나 수입에 도달하기 전까지는 참여하기를 원치 않았다. 이제는 비영리 단체에서 젊은 인재와 젊은 에너지를 적극적으로 요청한다. 목적은 전 세계적으로 중요한 것이다. 그것은 자신의 '동기why'를 정착시키는 것이다. 왜 당신이 하는 일을 하고 있는가? 왜 그렇게 열심히 일하고 있는가? 왜 돈을 투자하고 있는가? 왜 시간을 투자하여 이 사람을 멘토링하는가? 사람들은 목적이 없으면 경제적 상황이 어려울 때나 개인적으로 어려움을 겪을 때 그 동기요인과 지속해서 연결하기가 어렵다는 것을 깨달았다.

내가 하고 있는 일에 대해 스스로 이해하라. 어쨌든 그것은 당신을 머무르게 하고 집중하고 인내할 수 있게 한다. 더 넓은 모습을 생각할 때도 자신의 열정이 무엇인지 생각하여 세상에서 의도적으로 그것의 일부를 가질 수 있도록 하라. 목적은 계속 진화하고 있다. 초기에, 나의 열정, 나의 목적은 훌륭한 은행가가 되는 것이었다. 그 첫 번째 이유는 내가 선택한 것을 잘하고 싶었다. 두 번째는, 나처럼 보이는 사람이 많지 않다는 것을 알았다. 세 번째는, 다른 사람들을 위하여 나에게 문을 열 힘이 있다는 것을 알았다. 넷째, 나는 이미 그곳에 있는 사람들이 성공을 거두는 것을 지원하고 성공하는 방법을 배워야 했다. 이제 31년이 지난 지금 나는 나에게 "훌륭한 은행가였을지 모르지만 여러분, 나는 정말 훌륭한 연설자이다."라고 말한다. 나는 또한 이렇게 스스로 말한다. "기다려! 이것이 이 일이라고 생각했지만 아마도 다른 일일 수 있어!" 그것이 진화에 관한 것이다. 30년 전에 "칼라, 세상에서 당신의 목소리가 중요할 것"이라고 말한 적이 있다면, 나는 당신이 내 노래하는 목소리를 의미한다고 생각했을 것이다. 나는 그것이 말하는 목소리가 될 줄 몰랐다. 잠깐만… 칼라, 잠깐만, 여기에는 특별한 것이 있어. 당신은 주의를 기울여야 해. 당신의 목적과 '아하'의 순간은 당신이 성장하고 발전함에 따라 진화할 수 있다.

칼라는 많은 사람이 리더가 되는 이유에 대해 명시적으로 그들이 리더십 잠재력이 있기 때문은 아니라고 한다. 그녀는 또한 리더십은 자신의 목적을 찾고, 목소리를 찾고, 특히 독창성을 찾는 것에 관한 것이라고 명시하고 있다. 그것은 당신이 당신의 열정에 관해 명확화할 때 진화할 것이라고 주장한다.

리처드 라이더 Richard Leider 의 목적회사 사례

리처드 라이더는 40년 넘게 포브스와 콘퍼런스 보드의 최고의 경영자 대상 코치로 일관되게 평가받았으며, 인생의 모든 단계에서 목적을 말하고 있다. 그는 모든 결정과 전략에서 목적을 세우지 않으면 성공적인 리더십을 보지 못한다고 보고 있다.

왜 리더들이 있는가? 실제로 유용한 것은 무엇인가? 개인적으로 또는 리더십 연구에서 알고 있는 위대한 리더들을 생각해 보라. 이러한 리더에 대해 수준을 높여 생각할 때 그들은 그들을 따르는 사람들과 조직에 무엇을 제공하는가?

리더의 가치는 가장 넓은 의미에서 구성원들의 복지를 증진하는 것이다. 내가 아는 최고의 리더는 그들이 따르는 구성원들과 그들을 둘러싼 네트워크에 미치는 광범위한 영향력을 설명한다. 구성원들은 리더가 돈이 아닌 마음으로 대할 때 완전히 몰입할 수 있다. 리더는 자신이 누구인지 알고 자신이 하는 일에 참여하면서 주변 사람들을 돌보는 경향이 있다. 일부 리더는 구성원들의 복지를 마치 그들의 업무가 아닌 것처럼 무시하지만 이는 곧 위험에 처하는 지름길이다. 경쟁력을 갖추려면 그들을 관심을 기울여 대하여야 한다.

궁극적인 과제는 셀프 리더십이다. 셀프 리더십은 직책, 지성 또는 전문적 기술이 아닌 기본 권력의 원천이다. 지능과 전문적 기술은 중요하지만 자기 자신은 정말 중요한 문제이다. 나는 당신이 거기에 가도록 하고, 셀프 리더십은 측정하기 어렵다. 그것은 리더십 존재감이다. "성공을 위한 옷"이 아니라, 숙달된 연주이다. 그것은 존재감이며

7가지 영역이 수반된다.

1. 중심적 존재감. 우리가 관심을 두고 있는 사람과 함께한다. 사람들은 연결을 갈망하고 있다.
2. 깨어진 신뢰를 재구축하고, 수정하는 능력. 리더로서 실수를 인정한다.
3. 공감과 존중. 이것은 목적이 오는 입구다. 다른 사람들에게 인간미에 대한 존엄성과 존중이 있다.
4. 경청 능력. 듣는 사람들은 진정한 힘을 가지고 있다. 이것이 하나의 핵심 능력이다.
5. 진정성 있는 것에 대한 지식. 이것은 또 다른 영역이다. 자신의 가치관에서 끌어내는 것이다. 이것은 다른 사람들이 신뢰해야 하는 것이다. 리더들은 말과 행동을 일치하여야 하고 그것은 핵심에서 나온다.
6. 다른 사람들과 효과적으로 조화를 이루는 능력. 어쩌면 이것이 '팀 결성'일까? 우리는 다른 사람들과 이해하고 있는 것이 같은가? 팀은 이해하고 있는 것이 같은가?
7. 평생학습자가 되고자 하는 갈망. 상황이 더욱 복잡해졌다. 리더십의 학생이 되어 들어라. 리더들은 자신들이 실천한 만큼 훌륭하다. 나는 『성공하는 사람들의 7가지 습관』의 저자인 스티븐 코비 Stephen Covey와 함께 일했었다. 그는 리더십은 '상식'이며 우리는 '상식의 실천'을 가르치고 있다고 말했다.

라이더에 따르면, 코비의 사고방식에 따라, 사람들이 윤리적으로 주의를 기울이고 성찰할 수 있도록 리더십 선택의 뉘앙스를 이해하고 인식할 수 있게, 그리고 겸손할 수 있도록 도움을 줌으로써 리더십 실천을 체계화하고 있다. 라이더는 종종 그의 멘토인 빅터 프랭클Viktor Frankl 을 그의 대화와 삶에 대한 영감으로 인용한다. 우리는 또한 목적 있는 리더십에 대한 모아놓은 이야기를 전개하면서 프랭클을 존중하고 참고한다.

홀로코스트 기간 수용소의 수감자였던 프랭클은 처음에는 의사로 일하면서 새로운 수감자에게 치료를 제공하여 감금의 충격과 공포를 극복하도록 도와주었다. 많은 사람이 시련을 극복하고 대처하는 방법을 다루고 있었다.

나는 강제 수용소에서 치료사가 되는 것이 얼마나 어려운지 상상할 수 없다. 환자에게 어떤 희망을 줄 수 있을까? 인생에 대한 전망을 높이기 위해 어떤 주장을 할 수 있을까? 그 수감자들은 극도로 잔인하고 믿을 수 없는 어려움을 겪고 있었다. 그곳에서 그들의 삶은 마구잡이였고, 싸구려였고, 사실상 의미가 없었다. 그런 입장에서 자신을 상상해보라. 당신을 탄압하는 사람들은 괴물이다. 수용소 외부의 세계는 당신의 운명에 크게 무관심한 것처럼 보인다. 동료 수감자들을 항상 신뢰할 수 있는 것은 아니다. 어떤 이들은 생존하기 위해 무엇이든 할 것이다. 신에 대한 당신의 믿음조차도 잔인하게 시험을 받았다. 그러한 공포가 일어날 수 있게 허락하는 신성은 무엇인가?

프랭클은 아내와 부모를 포함하여 다른 많은 것을 잃어버렸지만 모든 희망이나 마음을 잃지 않은 사람 중 하나였다. 구조 직후, 그는 캠프의 잔인함, 폭력, 공포가 아니라 모든 것에 대한 반응, 사람들이 대처한 방식, 그들이 처한 상황에 적응하기 위해 겪은 단계에 대해 글을 쓰고 평가하기 시작했다.

그의 도서인 『인간의 의미 탐구 Man's Search for Meaning』는 인간 조건의 초상화이다. 프랭클은 그의 저서에서 모든 사람이 수용소에서, 그리고 더 흥미롭게도 세상으로 돌아올 때 비슷한 단계의 낙담을 겪었다고 썼다. 이러한 감정은 충격이나 무감각, 쓰라림, 분노, 자신의 삶에 대한 통제력이나 선택 의지가 없는 느낌으로 특징 지어졌다. 그는 굴복한 사람들과 생존한 사람들 사이에 중요한 차이가 있다고 결정했다. 생존자들은 강력하고 선천적인 의미와 목적에 대한 감각이 있었다. 그들은 인생에서 별로 의미가 없어 보이는 순간에서도 의미를 찾았다. 친절한 말, 음식의 맛, 즐거운 꿈, 하늘의 풍경. 그들은 낙관적이라고 망상했을지도 모르지만 목적을 찾았다. 더 많은 음식을 먹을 필요가 있고, 다른 날을 살 필요가 있으며, 세상에 무슨 일이 있었는지, 사랑하는 사람을 구해야 할 필요성을 말했다. 다시 말해, 긍정적이고 의미 있는 미래를 지향하는 사람들은 자원, 강점, 정신, 관대함, 창의력, 생존 의지를 불러일으킬 수 있었다.

강제 수용소의 공포에 가까운 것을 경험한 사람은 거의 없으며, 물론 비즈니스 세계는 홀로코스트와 다르다. 그러나 정서적 차원에서 우리는 모두 프랭클이 설명하는 시행과 관련될 수 있다. 크든 작든, 비극적 상황에서 살아남는 동안, 정신과 몸과 마음은 놀라울 정도로 비슷한 방식으로 충격과 슬픔에 반응한다. 상실은 사랑하는 사람, 가정, 귀중한 소지품, 소중한 환경, 중요한 역할 또는 무형의 꿈일 수 있다. 우리는 우리 자신들을 발견한 환경이 무엇인지에 관계없이 우리가 이끄는 삶에서의 목적과 의미의 중요성에 관하여 프랭클의 결론에 강력하게 동의한다. 의미와 목적이 있을 때, 우리가 원하는 것과 우리가 누구인지에 대해 더 명확해진다. 그리고 우리는 원하지 않는 것에 정착할 가능성이 작다. 만약에 우리가 정착하면 그 이유를 더 잘 이해할 수 있다.

일상생활은 비극이 덜하지만 성공적으로 탐색하기 어려울 수 있다. 특히 의미와 목적이 결여되어 있을 때 기대감, 한계 및 어려움을 쉽게 제기할 수 있다. '무엇이든지 whatever'라는 삶의 방식은 우리를 때리는 교도관보다 덜 현실적일 수 있다. 다른 악몽처럼, 그것은 우리 스스로 만드는 괴물이다. 결국, 우리는 모두 어려움에 직면하고 엄청난 도전에 대처해야 하며 때로는 운명의 희생자가 될 것이다.

아무 계획을 세우지 않는 것이 계획에 따른 결정이라고 해도 우리에게 소중한 것을 포기하는 것은 낙담으로 가는 확실한 길이다. 그것은 새로운 시작에 대한 계획을 만들 수 있다.

우리는 더 높은 목적에 초점을 맞추는 것이 우리의 꿈이고, 목적에서 의미를 찾는다는 것을 잊지 않아야 한다. 만족스러운 삶을 위해서 우리는 우리의 꿈을 잘 지키는 방법을 찾는 것이다. 가장 좋은 방법은 계획을 세우는 것이다. 우리가 주의를 기울이지 않으면, 아마도 우리가 원하는 것보다 적게 매듭짓게 될 수 있다. 우리 각자는 안주하지 않아야 하고 최상의 기회를 얻기 위해 계획을 세워야 한다.

중요한 사안의 해결을 위한 해독제는 열정이다. 우리가 해결을 위해 열의를 불태울 때, 우리는 많은 유전자를 연결하여 의미를 생성하는 유전자 발현을 유발한다고 믿는다. 우리의 삶을 통제할 수 있는 방법은 목적에 대해 명확하게 하는 것이므로 의미는 유전자 활동을 가속화한다. 리더십의 신경 과학과 생물학적 관점은 여전히 큰 의문점이지만, 우리는 우리의 열정이 우리 몸에 물리학적, 신경학적 반응을 일으킬 수 있으며, 우리의 열정으로 돌아가는 피드백 주기가 있다는 것을 알고 있다.

리더가 목적과 진실함을 느끼게 하는 것은 무엇인가? 라이더는 다음을 추가한다.

부드러움 중 가장 부드럽다. 그것은 모두가 위로부터 아래에 이르는 목적의 실타래 같은 중요한 무언가에 기여하는 것처럼 느끼게 한다. 당신은 차이를 만든다. 직원이 너무 많으면 정서적 수익률이 거의 0에 가깝다. 본질적으로, 중요한 것을 수행하고 직장에서 더 많은 것을 하기 위해 자신을 넘어 도달한다. 그것은 사람들이 자신이 어떻게 적합한 사람인지를 알도록 느끼는 데 도움이 된다. 결론은 성공하기 위해 위대한 리더는 사람들에게 일할 수 있는 인간애를 제공한다는 것이다. 나는 그것을 신뢰와 카리스마를 숨쉬게 하는 진정성이라고 부른다. 그것은 정서적 연결을 만든다. 목적의식이 있는 리더의 큰 부분은 그들이 실수와 성공을 평가하고 성찰할 수 있는 능력이다.

리처드 라이더의 평생 연구의 본질은 목적의식 있는 리더십의 중요한 부분이다. 그가 배우고 이야기한 것의 상당 부분은 감정의 깊이, 이해 및 성찰에 관한 것인데, 이는 매우 효과적인 목적의식이 있는 리더가 되기 위해 필요하다.

비록 우리가 앞에서 언급했지만, 리더십의 핵심은 수단과 결과에 관한 것임을 기억하는 것이 중요하다. 목적이 있는 무언가를 달성하기 위해 사람들과 전략을 구현할 수 있는 올바른 방법을 찾으려면 성찰하고 선택한 것을 다시 살펴보며 달성하려는 목표를 알고 있어야 한다. 리더십은 하나의 몸부림이다.

성장 Growth

Q 리더로서 자신이 무엇을 잘한다고 믿는가?

Q 10명에게 당신을 리더로 묘사하는 한 단어 형용사를 줄 것을 요청하라.

Q 리더로서의 당신의 정체성은 무엇인가? 타인의 의견을 사용하지 않고 자신을 리더로 묘사하는 10가지 형용사를 작성하라.

Q 가장 시급한 리더십 과제는 무엇인가? 이는 조직이 겪고 있는 어려움과 어떤 관련이 있는가?

Q 결코 되고 싶지 않은 리더를 설명하라.

Q 당신이 이끄는 이유를 설명하라.

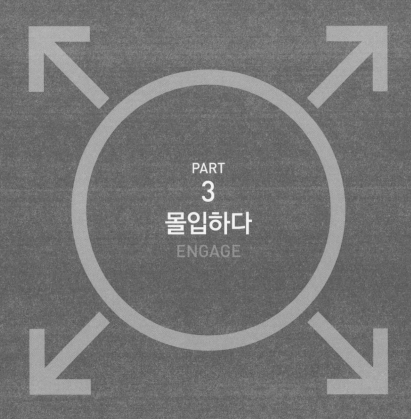

PART
3
몰입하다
ENGAGE

5장
팀 결성 및 몰입

훌륭한 리더들은 사람들이 주변이 아니라
마음의 중심에 있다고 느끼게 한다.
모든 사람은 자신이 조직의 성공에 차이를 만든다고 생각한다.
이런 일이 발생하면 사람들은 집중감을 느끼게 되고
일의 의미를 부여하게 된다.

– 워렌 베니스 Warren Bennis , 리더십 전문가

핵심요소 : 몰입하다
몰입할 기회를 파악하고, 기여하고, 추진한다.

기후 변화는 논란의 여지가 있는 이슈이다. 많은 사람이 기후 변화를 믿지 않으며 다른 사람들은 기후 변화가 인간에 의한 것으로 생각하지 않는다. 두 이슈 모두에서 다양한 사람들을 찾을 수 있다. 그리고 세계는 지속 가능성을 창출하기 위해 행동을 조정하고 있지만, 일어나

고 있는 일을 변화시키기에 충분하지 않거나 빠를 수도 있다.

세계가 이 이슈에 맞서면서 스웨덴 출신의 10대인 그레타 툰버그 Greta Thunberg는 환경 운동의 상징이 되었다. 그녀는 기후를 위한 학교 파업을 시작으로 전 세계 수십만 명의 학생들을 공감하게 하고 참여시킴으로써 지구의 미래에 관한 대화를 바꾸었다. 그녀의 하루 시위에 현재 지속 가능성의 정치에 항의하기 위해 백만 명 이상의 학교 아이들이 합류했다. 학생, 환경 운동가, 정치인, 기업 및 국제기구를 참여시켰으며, 다른 대화와 행동을 불러일으켜 의도적이면서 비의도적인 동맹으로 만들었다. 그녀는 기후 변화에 대한 가속화된 행동을 위한 그리고 새로운 유형의 정치에 대한 상징이자 피뢰침이다.

그레타는 환경 운동에 목적을 가지고 참여했다. 그녀는 기후 변화에 대해 성인 대부분이 알고 있는 만큼 많은 것을 연구했으며 위기와 해결책에 대해 명확하고 단호하게 주장했다. 그리고 지속 가능한 삶을 모델화했고 성공적인 시민 불복종의 전술과 전략을 빌어 변화를 주었다. 그녀는 매우 솔직했으며 심지어 자신의 부모로부터 비판과 저항과 압력에 직면했다. 그녀의 운동에는 71개국 700개 이상의 도시 사람들이 참여했지만 조직도 없고 부하직원도 없다. 그녀가 가진 것은 구성원들이다. 자신과 같은 목표를 원하고 행동을 취할 수 있다고 느끼는 사람들이다. 비판하는 사람들은 그녀를 공격하고 무시하였지만, 그녀는 흔들리지 않았다. 그녀는 초점과 목적을 가지고 이끌었다.

사람들이 리더를 따르는 이유는 무엇인가? 사람들이 리더로서 당신을 따르는 이유는 무엇인가? 그들을 몰입하게 만드는 당신에게서 그들이 보고 있는 것은 무엇인가? 개인들이 기회를 포착하고 그것을 목표로 바꾸고, 그 목표를 사용하여 다른 사람들이 목표를 달성하는 데 완전히 참여하도록 영감을 주는 것은 무엇인가? 어떻게 많은 사람들이 공감하도록 하는가? 사람들이 당신에게서 무엇을 보고 있는가? 당신은 그들에서 무엇을 보고 있는가? 다른 사람들에게 영감을 불러일으키고 공감하도록 하는 목적이 있는가?

이름만 있는 리더

잠시 다른 쪽에서 이것을 보도록 하자. 조직에서 때때로 리더를 '속 빈 강정 empty suit'으로 묘사하여 폄하하는 표현이 있다. 이 표현은 실속이나 능력이 부족한 리더를 정의하기 위한 것이다. 더 나쁜 것은 실제로 상황이나 다른 사람에게 영향을 미치지 않으면서 자신의 능력과 중요성을 과대평가하는 리더를 묘사한다. 이것은 대체로 리더의 무능함을 겨냥한 것이지만, 그 본질은 실제로 리더의 성격이나 목적의 결함을 의미한다.

속 빈 리더는 이름이나 지위만 있는 리더이다. 이 리더에게는 구성원들이 없다. 리더와 구성원들 사이에 관계가 없다. 존재해야 하는 순환고리가 없다. 순환고리의 이점과 효과는 존재하지 않는다. 순환고리에 박동이나 맥박이 없다. 리더와 구성원이 서로 게임처럼 주고받는 사이클이 존재하지 않는다.

몰입은 종종 사람들이 조직의 사명, 비전 및 가치에 자신을 가져오는 방식으로 설명된다. 몰입은 직원의 약속과 조직과의 연결이다. 결과적으로, 많은 연구결과는 높은 수준의 몰입은 고객 충성도, 조직 성과 및 비즈니스 가치를 증진시키거나 지원한다는 결론을 나타내고 있다. 몰입의 중요성은 구성원들의 몰입을 유도하는 모범 사례를 개발할 때까지 높아졌다. 여러 가지 유형의 모범 사례가 있다.

- 충성도
- 생산성
- 회사와의 정서적 연결
- 성공 동기
- 조직에 대해 긍정적으로 이야기할 의지
- 조직에 머물고자 하는 강점
- 직원이 보여주는 자발적이고 재량적인 노력

조직은 구성원 몰입도를 조사하고 평가하며 측정하는데 수백만 달러를 소비한다. 연구에 많은 시간을 소비하지 않으면 리더로서 우리의 구성원들을 참여시키는 데 큰 도움이 되지 않는다는 많은 증거가 있다. 신뢰할 수 있고 잘 알려진 여러 조사에 따르면 전 세계적으로 참여한 사람들 중에 몰입하고 있는 사람들은 20% 미만인 것으로 파악되었다. 그것은 곧 당신이 근무하고 있는 조직의 구성원이나 함께 일하고 있는 5명 중 1명이 매일 하고 있는 일에 진정으로 참여하고 있다는 것을 의미한다. 함께 일하는 5명 중 4명은 생산적이지 못하거나 직장 밖에서 자신의 회사에 대해 자부심을 가지고 잘 말하지 못할 수 있음을 의미한다.

몰입 숙달하기

제임스는 결코 속 빈 강정으로 불리지 않았지만, 그의 부하직원들의 대부분은 그와 어려운 대화를 나누거나 도전하거나 그의 노력에 도움을 줄 수 있는 입장에 있지 않았다. 제임스는 모든 부하직원에게 개인적으로 시간과 에너지를 할애하여 세세히 관리하고 있다. 그는 마케팅 전문가로 명성이 높으며 사람들은 제임스에게 마케팅에 대한 지식과 정보를 배우고 싶어 한다. 그들은 학습하고 한 발짝 더 나아간다. 제임스는 자신의 부하직원들을 선택하면서 이 이점을 활용한다. 그는 최고의 인재를 채용하고 그들이 성과를 내기를 기대한다. 제임스가 다른 사람들을 참여시키는 데 성공한 것은 그의 동료들과 관리자들 덕분이다. 그들은 모두 자신의 마케팅 영역에 대한 그의 전문 지식과 지시를 마술처럼 본다. 그들은 제임스의 강렬함과 집중력을 좋아하며 동시에 제임스를 신뢰한다.

프리야 또한 속 빈 강정이 아니다. 그녀는 많은 사람이 건축 산업에 참여하도록 영감을 불어 넣고 있으며, 그녀를 위해 일하는 많은 구성원은 강한 충성심을 가지고 있다. 남성 주도적인 산업계에서 여성으로서 그녀는 매력이 있다. 또한 그녀의 회사는 그녀를 활용하여 다른 여성 인재를 모집한다. 그녀가 요구하는 기준을 따르지 않는 사람들은 몰입하지 못하고 결국 그녀의 조직에서 벗어날 길을 찾는다.

제인은 그녀가 잘 인지하지 못하는 자신의 맹점 blind spots 으로 인해 팀을 혼란스럽게 한다. 그녀는 자신의 분야에 대한 전문 지식을 통해 모든 업무를 신속하게 수행할 수 있으며, 다른 과제에 시간이 얼마나 걸리는지를 지속해서 이해한다. 그녀는 해야 할 일이 생각보다 오래 걸릴 때 실망감을 보인다. 제인은 또한 다른 사람의 의견을 거의 고려하지 않고 단호한 결정을 한다. 물론 제인은 빠르게 움직이는 조직을 만들고 구성원들이 현재 상태를 유지하는 데 어려움을 겪고 있다. 그녀의 능력은 팀의 능력을 뛰어넘는다. 제인은 구성원들과 일대일로는 전문적이고 따뜻하며 사려 깊지만, 조직의 운영 방식에 대한 맹점은 결국 그녀의 개인적인 관계에서 어려움을 주고 있다. 상황이 나빠지면 제인은 사교 모임, 피자 파티, 볼링 및 바베큐로 곤란한 상황을 해결하려고 시도한다. 이 전략은 그녀 자신이 직장에서 더 많은 시간을 보냄으로써 조직의 문제를 더욱 악화시킬 수 있는 전략이다.

우리는 목적의식 있는 리더십을 연구하면서 106,000명이 넘는 리더의 360도 피드백 결과를 분석했다. 관계를 구축하고, 팀원을 개발하고, 다른 사람들을 참여시키는 세 가지 사례가 매우 효과적으로 목적의식 있는 리더십을 표현하는 것으로 나타났다.

관계 구축

목적의식 있는 리더십 패턴과 밀접한 관련이 있는 하나의 사례는 관계 구축 또는 네트워킹이었다. 목적의식 있는 리더는 많은 사람에게 알려져 있으며 다른 많은 리더도 알고 있다. 목적의식 있는 리더는 다른 사람들의 지혜와 전문 지식을 아주 쉽게 활용할 수 있다. 그리고 그들의 네트워킹에는 한계가 없는 것 같다. 이와 관련하여 프리야는 아주 뛰어난 사람이다. 그녀는 공대를 다닐 때 네트워크를 구축했다. 동창 행사를 자주하고, 종종 학부생들과 이야기하고, 자신의 모교 및 전 세계의 다른 공과 대학의 교수들과 관계를 유지하며, 상당히 많은 친구와 교류한다. 어떤 식으로든 영향을 줄 수 있는 능력이 없다면 그녀의 미래에 대한 통찰력이 없는 건설업은 아무 일도 일어나지 않을 것이다. 정말 멋진 프로젝트를 구축하려는 개인적인 비전과 열정에 의해 명확하게 움직이면서 동시에 그녀는 네트워킹 기술도 익히고 있다.

팀원 개발

조직에서 참여하고 몰입하는데 효과적인 것으로는 전문가와 리더를 만드는 습관을 개발하는 것이다. 이것은 미세관리 micromanaging 와는 정반대이다. 리더들과 업무 전문가를 키우는 리더들은 사람들이 수행하고, 기여하고, 서로를 신뢰하도록 선택할 수 있는 탄력적인 조직을 구축한다. 프리야는 다른 사람들을 개발시키는 데 있어서 남다르게 탁월한 인물이다. 엔지니어링 분야의 많은 사람은 그녀의 리더십과 멘토링의 직접적인 결과로 자신의 일을 수행한다. 이것은 다음 단계의 리더십으로, 젊은 리더를 양성하고 승계 및 개발 계획을 수립하며, 젊은 리더를 전략적 토론에 참여시키는 리더의 책임을 포함한다.

목적의식 있는 리더십의 틀에서, 리더는 최소한 후원하는 두 명 이상의 후임자가 있어야 한다고 말하곤 한다. 이것은 이상주의적 사고가 아니다. 리더가 항상 주변에 있을 수는 없다. 하지만 소속된 리더가 속한 조직에 지속적이고 효과적인 리더십이 필요하다는 것을 이해하는 것은 상식이다. 우리의 많은 리더십 전문가와 리더십 개발 전문가는 인터뷰에서 지적한 바 있지만, 모든 리더가 재능을 개발하는 데 능숙하지는 않았으며, 최고의 리더는 여러 명의 후계자를 만드는데 탁월한 사람이었다. 한 인터뷰 대상자는 "내가 함께 일한 최고의 리더는 실제로 자기 일보다는 더 나은 사람들을 찾는 데 심혈을 기울였고, 재임기간 동안 그들을 양성하고 업무를 인계하기 위해 자신감을 보여주었다."라고 이야기하였다.

다른 사람 참여시키기

그렇다. 전략적 토론에 다른 사람들을 참여시키고, 사람들을 공개적으로 찾아, 전략 및 조직 건강에 관해 이야기하는 것은 모두 목적의식 있는 리더십의 핵심 측면이다. 리더들이 다른 사람들을 참여시킬 방법에는 여러 가지가 있다. 결정을 내리기 전에 사람들에게 의견을 묻는 것은 올바른 방향으로 가는 한 단계이다. 정서적 용기가 필요할 수 있다. 또한, 조직, 핵심 그룹의 '유력한 용의자 usual suspects'를 뛰어넘어 다른 그룹 관점에서 사람들을 찾는 방법을 이해하려면 지혜와 판단이 필요할 수 있다. 그들이 하는 말을 듣고, 조직에 대한 통찰력을 구하고, 그에 대한 행동을 취하려면 용기가 필요할 수 있다. 또한, 자신의 편견과 경험을 이해하고 과거를 극복하고 그들이 누구인지를 보는 방법을 배우기 위해서는 자각이 필요하다.

프리야는 다시 말하지만, 다른 사람들을 참여시키는 뛰어난 능력을 갖추고 있다. 그녀의 교육 배경과 경력은 그녀가 인재를 영입하는 데 도움이 되었다. 그녀의 맹점은 엔지니어링 및 건축 분야와 관련이 없는 조직을 둘러싸고 있는 일부에 있다. 그녀의 조급함과 재정, 인적 자원 및 기술에 대한 부분에서 어두운 평판을 얻었는데, 이것은 그녀가 조직에서 앞으로 나아갈 때 극복해야 할 필요가 있다.

미시간 대학교 University of Michigan 의 경제학 교수인 스캇 페이지 Scott Page 는 포용의 가치를 다양성 보너스 diversity bonus 라고 불렀다. 『다양성 보너스 Diversity Bonus 』에서 그는 다양한 팀의 집단 능력이 항상 개인을 능가한다고 주장한다. 심지어 개인이 한 그룹의 가장 높은 IQ를 가지고 있다 할지라도 마찬가지다. 그런 점에서 더 잘 작동하거나 더 잘 작동하는 다른 관점을 찾는 방식으로 사람들과 기꺼이 협력하는 리더가 필요하다. 다양성은 거의 항상 존재한다.

포용 또는 참여를 숙달한다는 것은 많은 리더에게 힘든 것으로 판명되었다. 리더들이 성장하고 성숙함에 따라 저절로 일어날 수 있는 것은 아니다. 또한 포용적 리더십에 대한 다른 관점을 보이는 조직의 힘을 과소평가할 수 없다. 그래서 무엇이 방해되는가? 자기중심적인 이기심 중의 하나이지만, 답을 알고 있기 때문에 우리가 리더로 임명되었다는 믿음, 또는 전문가이기 때문에 리더라는 믿음을 가지고 있다. 리더는 이것을 조직에서 일어나고 있는 다른 상황들을 고려하여 조직의 모든 세부 사항을 조정해야 할 필요가 있다.

물론 리더들이 자신의 리더십 능력을 믿지 않을 때에도 같은 결과가 발생할 수 있다. 자신의 목적, 비전 및 능력에 대한 믿음이 부족하면 가치가 없고 다른 사람들의 아이디어를 공격할 필요성이 생길 수 있다. 자신을 믿지 않는 리더들은 자신의 자아와 전문 지식으로 무장한 리더보다 더 문제가 될 수 있다. 자신을 증명해야 할 필요가 있다고 느끼는 새로운 리더는 새로운 역할이나 새로운 조직에서 자신의 피부에 와 닿는 편안함을 느낄 때까지 일시적으로 이 함정에 빠질 수 있다.

포용과 포용적 행동을 살펴보면 우리의 연구는 매력적이다. 포용은 리더십 효과의 가장 강력한 예측 요인 중 하나이다. 우리는 포용과 몰입이 옳은 일이고, 윤리적으로 정확하고, 큰 문제 해결을 위해 필수적이며, 혁신을 가속하며, 앞으로 나올 세대가 그것을 더 필요로 한다고 말하고 싶다. 우리가 말하는 것은 포용이 효과적인 리더가 되기 위해 매우 중요하다는 것이다. 효과적이고 목적의식 있는 리더들은 다른 사람들이 경험을 찾고 그러한 관점과 함께 어우러져 훌륭한 결과를 창출할 수 있는 분위기를 조성한다.

리더로서 우리는 우리 자신과 함께 행복하고, 하는 일과 함께하는 곳을 찾아야 한다. 목적의식 있는 리더십은 자신과 다른 사람들과의 관계이다. 우리는 모두 우리의 모습을 찾아야 한다. 어떤 느낌이 드는가? 진정으로 리더로서 성취하고자 하는 것은 무엇인가? 리더가 되고 그 일을 할 수 있는 영역을 찾는 이유, 즉 목적을 찾아야 한다.

사례연구

멜린다 바빈Melinda Babin 의 전체 팀 참여

그녀는 존경받는 직원들로부터 "가장 영감을 주고, 매력적이고, 성과가 높으며, 혁신적인 사람 중 한 사람"으로 불렸기 때문에 그녀의 통찰력을 가볍게 여기지 않았다. 팀 플레이어는 오랜 팀 결성자이자 참여 전략가인 멜린다 바빈Melinda Babin 에게 있어 과소 평가된 단어이다. 개인적인 동기와 조직적인 방법에 중점을 둔 팀 구성 전문가이다. 그녀는 다음과 같이 설명한다.

우리가 사는 세상은 대부분 복잡하고 압박을 받는 곳이다. 많은 사람이 자신이 중점을 둔 부분을 좁히고 자기 일과 복지에서 가장 큰 만족감을 느낄 방법을 생각한다.

"나는 사람들에게 긍정적인 방식으로 영향을 미치기 위해 무엇을 하고 있는지 이해하고 이를 지원하는 조직을 보고 싶다."

이 정도의 의식으로 다른 사람들은 힘을 얻는다. 당신은 현재의 당신보다 더 크게 진화해야 한다. 그것은 당신이 원하고 보는 것만이 아니라 그에 총괄적으로 부가하는 방법이다. 오늘날 세상이 처한 방식으로 인해 더 많은 사람이 이 관계를 찾고 있다. 많은 사람이 필요하다. 어떤 사람들은 여기에서 무엇을 해야 하는지, 그리고 같은 생각을 하는 사람들과 같은 생각을 하는 조직을 찾아서 어떻게 연결할 것인지를 찾는 데 어려움을 겪는다. 사람들은 삶을 개선할 더 큰 문제를 해결하기 위해 성장하고 번창할 수 있는 곳을 찾고 있다.

나의 배경의 많은 부분은 기술의 발전과, 사람들의 몰입과 영감 사이의 균형과 관련이 있다. 나 자신의 몰입을 생각하면 두 부분으로 구성된다. 첫 번째는 조직 자체이다. 조직이 어떤 모습인지 알아내고 세상과 공유할 수 있도록 돕는다. 그중 일부는 조직이 전체 공동체에 미치는 영향을 실제로 이해하는 것이다. 국제 업무를 수행하는 회사와 컨설팅 작업을 하고 있다. 이 조직을 둘러보면서 사람들이 자신이 하는 일을 하는 이유에 관해 이야기하면서, 회사가 국제적으로 확장할 수 있도록 돕고 있다고 내게 말하지 않는다. 그들은 "우리는 회사가 세계적으로 일할 수 있도록 도움을 주고 있으며 모든 문화를 문화와 다른 환경을 통해 정렬하고 있다."라고 말한다. 매우 영향력 있는 진술이다. 이 부분은 회사 자체의 적합한 위치가 어디이고 그 목적을 이해하는 데 도움이 된다. 두 번째 부분은 그 목적의 비전을 가지고 개인에게 적용하는 것이다. 누구나 비전과 그 역할을 이해한다. 나는 개인적으로 관리자가 하는 가장 영향력 있는 것은 그 개인에게 가치 있는 것이 무엇인지, 그들이 자기 일과 일치하는지 이해하는 것이다. 일단 그들이 일치한다면 자신이 꿈꾸지 못했던 일을 하고 있기 때문에 자신이 하는 일에 대해 몰입하고 있다.

마지막으로 의도적으로 이끌지 않는 것을 확인할 필요가 있다. 실제 위험은 모든 것이 정체되고 부실해지는 것이다. 사람들은 영감을 부여받지 않고 몰입하지 않게 된다. 결국 그들은 떠나고 다른 곳을 찾는다. 나는 개인적으로 이것을 경험하고 싶지 않았다. 그 때문에 나는 역할을 그만두었다. 나는 투자 관리 소프트웨어 회사의 마케팅 담당이었다. 더욱 현대적인 마케팅 인프라를 만들어야 했다. 그들은 팀이 있었지만 진정한 리더십은 없었다. 그들은 시장에서 효과적인 훌륭한 제품을 가지고 있었기에 마음이 들떴었다. 하지만 내가 그 조직과 함께 일하면서 그들이 목적 있는 조직이 아니라는 것이 분명해졌다. 그들은 돈을 버는 것에만 관심이 있을 뿐 성장이나 혁신도 아니며, 또한 현 상태에 도전하지 않았다. 나는 창조적인 위기감에 빠지게 되었다. 나는 이것을 인식하고 나아갔다. 이 조직의 끝은 실제로 영감을 얻거나 혁신을 일으키지 않는 사람들에 의해 운영되는 조직이다. 이후에 어떤 문화가 있는가? 지저분하고 일관성이 없는 조직인가? [목적의식 있는 리더십, PL Purposeful Leadership]이 어울릴 수 있는 조직은 아니다. 그 조직은 죽을 것이다.

Linkage의 목적의식 있는 리더십 모델의 5가지 핵심요소를 볼 때 매일 그것을 받아들여야 한다. 그것은 당신이 겪는 과정이 아니다.

한 가지 어떤 시도도 아니다. 무언가를 사고하는 방식이고 매일 키우는 방법이다. 즉 존재 방식이다.

더욱 광범위하게, 목적의식 있는 리더십은 리더가 필요로 하는 모든 연결과 그 핵심요소가 한 가지 방식, 즉 우리 자신을 통해 흐르는 방식을 이해하는 포괄적인 방법이다. 우리는 우리에게 다가오는 모든 것을 위한 필터이다. 우리는 현재 상태, 미래에 대한 비전, 그리고 그것을 실현하기 위해 우리와 함께하는 모든 사람 사이의 모든 상호 의존성의 연결점이다.

몰입의 새로운 현실

목적의식 있는 리더십 모델에서 몰입은 리더에서 구성원까지 친밀성 이상의 것이다. 소속감과 검증의 감각을 자극하여 궁극적으로 목표를 향한 움직임을 추진하는 것은 실타래에 실을 얽는 것과 같다. 우리는 다양한 리더들에게 핵심요소와 요소 사이의 몰입과 그 가치를 해석하는 방법을 물었다. 우리는 그들의 심각함에 놀라지 않았다. 사실, 우리는 몰입 중심의 긍정적인 해석과 경험들에 매료되었다.

프록터 앤드 갬블 Procter & Gamble 사의 앤 슐트 An Schulte 는 다음과 같이 말했다. "우리는 P&G에서 비전 Envsion, 몰입 Engage, 활성화 Enable, 실행 Execute 및 권한 부여 Empowerment 와 같은 E모델을 활용

했다. 우리는 모든 역량모델을 제거했다." 리더들은 자원을 제공하면서 위험 감수와 긴박함을 강조한다.

몰입하는 리더를 생각하면, 나의 부친이 떠오른다. 모두가 그를 위해 일하기를 원했고, 매우 정직한 것으로 유명했다. 부친은 유니온 전자 Union Electric 에서 2인자의 위치에 있었지만 모든 사람의 이름을 알고 있었다. 그의 장례식에는 많은 사람이 와주었다. 그는 사람들과 관계가 좋았으며 다른 사람들을 인정했다.

QBE 보험사의 발레리 노턴 Valerie Norton 은 다음과 같이 말했다.
"사람들을 위해 존재하는 것은 몰입이다. 사람과, 결과가 아니라 행동에 중점을 둔다. 인간을 지지하라. 이것은 신뢰를 만든다. 신뢰가 있으면 사람들은 당신을 위해 담장을 걸을 것이다. 이것이 핵심이다. 그들은 자신의 말을 들어 주고 지원받고 있다고 느낀다. 그리고 사람들은 내가 그들을 전력을 다하도록 stretch 하고 자신을 믿도록 도와준다고 말한다. 나는 당신이 이전에는 할 수 없었던 방식으로 그것들을 새롭게 적용했다. 그들에게 몰입하면서, 열린 마음으로 자신을 위해 여기에 있다는 것을 알기를 원한다. 내가 찾는 리더는 기꺼이 영향을 미친다. 리더는 기꺼이 움직여서 믿음이 필요한 곳에 믿음을 줄 것이다. 내가 생각하는 리더는 기쁨이다. 리더는 글을 잘 쓰거나 능변일 필요가 없다. 리더가 자신에 대해 자신감을 갖는 것이 좋으며 그것이 인생을 더 편하게 만든다."

도요타의 안나 마리 크레이츠만 Anna Marie Kreitzman 은 "모두가 실질적인 책임을 다하여 이끄는 리더다"라고 했으며, 그녀의 상사는 몰입의

달인이어서 크레이츠만은 "그녀를 복제하고 싶다"고 말했다. 크레이츠만은 계속하기를, "그녀는 그렇게 전략적이지 않다. 더 전술적이고 놀랍도록 효과적이다. 능력을 알지 못한 사람들로부터 성과를 얻는다. 최선을 다하고 항상 최고의 팀성과를 이끌어낸다. 그녀의 리더십 덕분이다. 도요타는 문제 해결 및 지속적인 개선에 초점을 두다보니 결과적으로 부정적이고 문제 중심적인 회사가 될 수 있었다. 많은 리더가 그런 식으로 리더십을 발휘하지만 그녀는 그렇지 않았다. 그녀는 사람들의 장점에 중점을 두었다. 그녀의 종교적 신념은 그녀가 사람들의 가장 좋은 점을 보며 그것을 키우도록 하는 데 영향을 주었다. 사람들을 존중하는 방식으로 교정하고 방향을 바꿀 수 있으며 사람들을 존중하는 우리의 원칙을 구현한다. 이것은 미국의 존중 개념이 아니다. 도전에 관한 것이다. 당신을 한계로 떠밀어라. 당신이 할 수 있는 최선을 다해 사람들이 최선을 다할 수 있도록 자극하라. 그것은 까다롭지만 보람 있는 일이다."

싱가포르 우편국의 리차드 여Richard Yeo는 몰입에 대해 더욱 철학적으로 접근하는데 다음과 같이 설명한다.

"나는 누군가에게 촉매제가 필요할 것이라고 믿는다. 당신은 그것을 우연히 내려놓을 수는 없다. 리더를 얻는 것이 더 큰 성공을 거둘 수 있는 사전 예방적 방법이다. 리더는 일하고 사람들을 하나로 모으기 위해 존재한다. 멀티플라이어와 같다. 당신은 어떤 일에 멀티플라이어를 투입하면 총합은 그 부분들의 합보다 클 것이다. 두 가지의 사고 방식가 있기 때문에 몰입한다는 것은 흥미롭다. 한 명은 이끄는 리더이며 모든 사람이 따른다.

다른 하나는 더 분산되어 있다. 나는 앞에서 이끄는 리더보다는 '네트워크화된' 리더십 유형을 선호하기 때문에 몰입을 좋아한다. 조직의 가치는 CEO에게 달려 있지 않다. 리더가 떠날 때 조직이 무너지지 않도록 리더 네트워크가 있어야 한다. 다리가 4개인 테이블을 갖는 것과 같다. 오늘날 사람들의 이동성은 매우 높으며, 밀레니엄 세대는 사람들이 영원히 머무르기를 기대하지 않는다. 네트워크에서 사람들이 떠날 때 네트워크는 스스로 개혁할 수 있다. 그것은 우리 몸과 거의 같고 세포가 어떻게 재생되는가와 같다. 훌륭한 리더가 떠나 팀이 전파되는 사례를 보았다. 또한 리더가 자신의 영역 밖에서도 의사결정에 적극적으로 다른 사람들을 참여시키는 사례를 보았다. 따라서 공동 책임감이 있다. 리더는 이를 위해 충분히 관대하고 자신감이 있어야 한다. 이러한 유형의 참여는 조직의 지속 가능성을 창출하는 데 도움이 된다. 그리고 당신은 새로운 세계에서 그것을 필요로 한다."

몰입은 목적의식 있는 리더의 기능이다. 그 목적을 상징하고 전달할 수 있는 목적을 가진 리더는 전염성이 있다. 특히 미래가 불확실하고 모호해짐에 따라, 목적의식이 있는 리더는 사람들이 어디로 가고 있는지에 대한 강한 감각을 제공하고, 그 여정에 도움이 될 수 있는 목표에 대해 명확한 길을 상징한다.

목적의식이 있는 리더는 모두 같은 목표를 원하고 열심히 노력하고 협력하여 목표를 달성하는 몰입도가 매우 높은 사람들을 만든다. 우리는 구성원들의 경기력을 올리기 위한 리더의 가치와 그들의 리더들의 경기력을 올리는 구성원들의 가치를 과소평가할 수 없다.

몰입 Engagement

Q 리더로서의 당신의 행동에 기초하여, 당신은 긍정적 또는 부정적인 방식으로 문화에 기여하고 있는가?

Q 관계를 점검해 보라. 누구와 가까이 있는가? 누구를 믿는가? 누가 당신을 믿는가? 당신은 누구와 의사소통을 하는 경향이 있는가? 당신은 누구로부터 정기적으로 소식을 듣는가? 누구로부터 소식을 듣지 못하는가?

Q 조직에 대한 비전에 관해 다른 세대와 대화하는가? 성별이 다른 사람과 대화하는가? 사람들이 당신의 비전에 포함되어 있다고 생각하는가?

Q 공동의 비전이 있는가? 그것에 대해 어떤 느낌이 있는가? 어떤 모습인가?

Q 올바른 유형의 다양성으로 팀을 구성하는 사례가 있는가? 당신이나 당신과 함께 일하는 리더들이 포용의 분위기를 조성하는 방법에 대해 실천하고 있는가?

Q 과거에 통제해야 할 필요성을 가진 적이 있는가? 자신의 정직을 계속 유지할 수 있는가?

Q 현재의 관계를 바탕으로 10년 후에 누가 가장 많은 영향을 미치고, 개발시키며 성장을 멘토링 할 것인가?

PART
4
혁신하다
INNOVATE

6장
현 상황을 떨쳐버리고 돌파하기

상상력은 지식보다 중요하다.

– 알베르트 아인슈타인 Albert Einstein , 물리학자

> ## 핵심요소 : 혁신하다
> 사고와 창의적인 자유를 추구하고
> 경쟁 차별화 및 성공을 위한 현실을 재구성하라.

뉴요커 New Yorker 잡지는 영화 『더 포스트 The Post』에 대해 평론을 했다. 이 영화는 캐서린 그레이엄이 과부에서 워싱턴 포스트의 소유자로, 놀라운 리더로 어떻게 자신의 목소리를 찾게 되었는지에 대한 이야기를 들려준다. 처음에는 리더가 아니었지만, 상황을 통해 리더 역할을 맡고, 목적을 찾고, 긍정적인 방식으로 리더십을 발휘하는 내용이다. 나는 비전통적인 방식으로 지도하는 법을 배우는 사람에 관한 훌륭한 이야기이기에 놀랐다. 교육훈련은 어디에 있는가? 뉴스 룸에서 글쓰기

를 배우는 시간은 어디에 있는가? 편집 시간은 어디에 있는가? 그녀의 광고 판매 능력은 어떠한가? 캐서린 그레이엄이 차고에서 그녀의 리더십을 창안한 것처럼 리더십을 발휘하는 방법을 배우지 않고 업계를 혁신한 것처럼 보인다.

혁신에 대한 우리의 많은 믿음은 차고에 있는 두 사람에 대한 이야기로 시작된다.

목적의식 있는 리더십에 대한 연구에서 혁신 요소는 지속적으로 혁신을 실행하는 리더가 25% 이하이기 때문에, 리더가 숙달해야 할 가장 어려운 요소 중 하나라는 것을 알았다. 리더십의 품질에 관한 주요 결과는 변화라는 것이다. 리더들은 변화를 만든다. 2년 전과 기본적으로 동일하게 현재 조직을 이끌고 있다면 실제로 리더십을 발휘한 것이 아니다.

혁신과 리더십

혁신은 다른 방법으로 실행하기 어려운 일을 가능하게 하는데, 그것은 곧 회사 경쟁력을 유지하는 것이다. 문화와 리더십이 혁신을 방해할 수 있는 방법은 너무나 많다. 혁신은 여전히 어려운 게임이다.

혁신은 조직 내부와 조직 외부에서 다양한 변화의 도미노 효과를 만든다. 세계, 경제, 산업 및 경쟁자를 살펴보는 것이 무엇보다 중요하다. 고객에게 진정으로 공감하고 이해하는 것이 마찬가지로 중요하다. 아이디어를 테스트하고 개선할 수 있는 다양한 이해관계자와 네트워킹하는 것은 어렵지만 필수적이다. 혁신을 위한 고무적인 목표를 개발하는 것이 아마도 차별화 요소일 것이다.

교사이자 멘토인 도넬라 메도우Donella Meadows는 "위대한 목표는 모든 것을 바꾸어 놓았다Great goals change everything"라고 말했다. 진실로, 이 네 영어 단어를 읽는 방법은 매우 다양하다! 그 문장을 읽는 미묘한 방법은 "위대한 목표는 조직에서 혁신을 일으킨다Geat goals spark innovation in your organization"이다. 리더에 대한 360도 진단 결과는 혁신이 가장 최저 점수로 나왔지만, 전문가와의 인터뷰는 우리에게 이것이 실제로 무엇을 의미하는지 다른 관점에서 이해를 할 수 있게 하였다.

인터뷰한 몇몇 전문가들은 혁신이 필요한 분야에 대한 단서가 없더라도 혁신이 필요한 곳을 파악하는 데 있어 그들이 직접 관리하는 것으로 보이는 리더가 우수하다고 성찰했다. 한 전문가는 다음과 같이 설명한다.

"우리는 회사의 경쟁력을 잃고 있었고 당황했다. 우리는 이 문제에 대해 수백 개의 프레젠테이션을 보고 유사한 조직을 모두 벤치마킹했으며 고객을 여러 차례 조사했다. 그러나 답을 찾지 못했다. 우리 CEO는 밖으로 나가서 문자 그대로 매장 밖에 앉아서 무슨 일이 있었는지 지켜보았다. 여러 매장, 여러 지역에서 이 행동을 반복했다. 그는 어느 날 아침에 임원진을 만나 POS Point of Sale 시스템을 변경해야 한다고 발표했다. 물론 POS 시스템에 대해서는 전혀 모른다고 말하며. 팀에게 자신의 주장의 잘못된 점을 알아내라고 요청했다. 그러나 결국 더 많은 데이터를 수집한 후에는 모든 것이 그가 올바르다고 입증되었다. 문제를 찾으려고 시도할 때마다 POS를 고려한 적이 없었다. 결국 매장 재고를 관리하고 고객에게 더 빨리 판매할 수 있는 새로운 POS 시스템을 구축했다. 우리는 이를 운영한 지 거의 1분기 내에 경쟁력을 회복했다."

간단히 말해, 목적의식이 있는 리더는 POS, 문화, 제품과 서비스, 메시지, 보증 등 혁신이 필요한 곳에서 목표를 달성하는 데 탁월하다. 목적의식이 있는 리더가 혁신적이거나 창의적인지 여부는 중요하지 않다. 그들은 이해하고 혁신을 촉진하기 위해 적절한 곳에 목표를 설정할 수 있다.

혁신적인 탐색

제페슨 Jeppesen 사의 CEO였던 마크 반 타인 Mark Van Tine 은 오랫동안 전세계의 백만 명의 조종사들에게 항공을 보다 안전하고 간단하게, 비용 효율적으로 만드는 개인적 동기를 알려왔다. 그러나 그의 리더십은 우호적인 분위기로 시작되지 않았다.

반 타인에 따르면 항공 산업은 세계에서 가장 안전하고 가장 규제가 잘 된 산업 중 하나이지만 1995년의 아메리칸 항공과 같은 비극적인 사고로 모든 것이 바뀌었다. 그리고 그 사고는 반 타인의 안전 항공 이유와 함께 조종사의 상황 인식을 높이고 조종사의 작업 부하를 줄임으로써 항공사 안전을 향상하는 혁신을 일으켰다. "우리 회사는 잘못한 것이 없다."라고 그는 설명했다.

"그러나 나는 우리가 업계에서 한 일을 대표한다고 생각한다. 그것은 한 업계의 사고였다. 이 기술의 복잡성은 비행기가 산악 지형에서 계속 내려오고 있다는 단순한 사실에서 조종사의 주의를 돌렸다. 조종사가 마침내 자신이 해야 할 일을 알아냈을 때, 상황 인식이 너무 부족한 나머지 비행기가 산으로 떨어졌다. 이것은 조종사에게 제공된 정보와 조종석에서 어떻게 행동을 취했는지에 집중하는 데 영향을 미쳤다. 정보에 접근하는 것이 너무 복잡해져 조종사의 부하가 증가하고 혼란이 발생했다.

[제페슨]은 조종석에서 정보가 사용되는 방식에 강력한 리더십 임무를 수행해야 했다. 우리는 이 정보를 1996년에 표준 컴퓨터에서 사용하기 위해 분류했지만, 비행기에 간단한 정보를 표시할 장치는 없었다. 규정으로 인해 노트북을 기내에 반입할 수 없었다. 우리는 강력한 브랜드를 가지고 있었지만, 여전히 75년의 오래된 회사로 여겨졌기 때문에 업계에서 명성을 바꿔야 했다.

2003년에 우리는 수백만 페이지의 종이 항공지도를 사용 가능한 형태로 가져와서 디지털 형태로 표시하는 방법에 관한 변화 사례를 만들었다. 2010년 애플은 아이패드를 세계에 소개했다. 2018년에는 전 세계가 태블릿으로 날아가고 있었으며 디지털지도는 그중 큰 부분이었다. 우리는 기존의 종이 인프라를 디지털 형식으로 변환해야 했다. 우리는 일찍 시작했기 때문에 아이패드가 나왔을 때 이미 그것을 실행할 준비가 되었다."

이 회사는 당시 공통적인 비즈니스 이슈에 직면했다. 고객과의 관계를 유지하고 기술 개발로 상품의 재고화를 피해야 했다. 전반적인 리더십 효과성을 연구하면서 반 타인은 조직 비전을 설정했다. '제페슨을 조종사의 정보 도구 상자에서 가장 필수적인 요소로 만든다.' 목표는 제페슨 고객을 위해 '복잡한 것을 단순화'하고 조종석에서 조종사의 작업량을 줄이는 것이었다. 이 회사는 목표를 재정의하고 최고 100명으로 구성된 팀을 재구성하였다. 그리고 혁신을 위한 참여 모델을 반영하기 위해 우선순위를 수정하는 데 중점을 두었다. 또한, 리더는 회사를 종이 기반 비즈니스 모델에서 디지털 정보 기업으로 전환하는 데 중점을 두었다.

이 회사는 100개가 넘는 새로운 특허를 확보했으며 제페슨의 연간 매출은 2002년 2억 6천만 달러에서 2015년 약 10억 달러로 증가했다.

어떻게 혁신에 도달하는가? 때때로 사건은 치명적이다. 아메리칸 항공 965편의 비극은 대단했다. 많은 목숨을 잃었다. 사고를 예방해야 했는가? 물론 그렇다. "우리는 잘못된 일을 하지 않았지만 할 수 있는 모든 것을 하지 않았다. 그것은 동기를 부여하는 순간이었다." 마크가 어떻게 자신의 목적을 살리고 생명을 구할 수 있는 혁신과 집단적 몰입, 영감을 불어 넣는 방향으로 조직을 이끌 수 있는지에 대한 강한 감각을 만들었다.

리더십 혁신으로 가는 세 가지 경로

이와 관련하여 제임스는 수학적 혁신가이며 진정한 도전자이다. 그의 사업에 대한 계명은 매우 우수하여 불일치와 비일관성에 대해 끊임없이 이야기한다. 그는 숫자를 통해 무언가 도전적인 질문으로 이끌고 자신과 동료가 회사의 마케팅 메시지에 어떻게 그리고 어떤 영향을 미쳤는지에 대한 새로운 사고방식을 찾는다. 그가 데이터에서 처음으로 불규칙성을 발견하기 시작했을 때, 그의 동료들은 신음을 내며 눈동자를 굴렸다. 제임스는 자신의 '지혜wisdom'에 대한 도전에 크게 감명받지 않았다. 제임스는 세상을 보는 방식을 바꾸는 일을 진척시키기 위해 그들 각자와 몇 시간의 개별 회의가 필요했다. 그들은 점차 '무언가something'가 있다는 것을 보게 되었다. 또 동료로서 제임스의 도전을 좋거나 나쁘게 보지 않고 그가 새로운 불규칙성과 혁신을 발견할 때마다 철회하거나 비난하는 것을 멈추는 데 시간이 걸렸다.

우리가 공개한 모든 것에 기초하여 본다면, 프리야는 가장 혁신적이다. 그녀는 단순히 엔지니어링과 디자인 분야의 모든 사람에게 자신을 드러내고 무슨 일이 일어나고 있는지 직감으로 나타내며 높은 위험과 높은 보상을 지향한다. 그녀의 유능한 직원들은 그녀의 직감에 대해서 둘러 말하거나 망설이지 않는다. 그녀와 그녀의 직원들은 프리야가 프로젝트 회의에서 감동을 주는 연설로 영감을 불어 넣어 주는 개념을 보다 흥미롭게 되돌아보고 디자인할 수 있게 하는 건축가를 찾는다. 불행하게도, 그녀의 그러한 시도가 나머지 조직에 영향을 줄 때, 여러 조직의 이해관계 등으로 인한 복잡성 때문에 결국 일의 진행을 지연시키게 되고 프리야는 종종 답을 잃어버린다. 그녀는 자신을 고객 중심적이라고 생각하며, 조직이 그녀의 변화 사항에 대해 즉시 응답하지 않는 이유를 이해하지 못한다.

그녀가 조직 내에서 승진한다면, 혁신을 통해 조직의 탁월함을 달성하기 위해 조직의 모든 기능을 조정하고 통합하는 방법을 배울 필요가 있다.

목적의식이 있는 리더에 관한 연구에서 제인은 혁신에 관하여 가장 상징적인 인물일 수 있다. 조직에서 올바른 것을 목표로 삼고 혁신을 위해 올바른 목표를 설정하는 데 있어 그녀는 묘한 능력이 있다.

표면적으로 제인은 동일한 상황을 선호하는 것 같다. 그녀는 일관성, 질서, 구조 및 친숙함을 좋아하는 것 같다. 그녀의 콜센터는 상당히 크다. 그 건물은 축구장 여러 개의 크기이다. 당신은 단순히 센터를 걷는 것만으로 그녀가 어떤 회사를 위해 일하는지 알아내기가 힘들 것이다. 그녀의 사무실은 기대했던 모퉁이에 있는 것이 아니다. 그녀는 모퉁이 사무실을 대형 회의실로 바꿨다. 건물의 가장 왼쪽 중앙에 앉아있다. 매일 아침 그리고 매일 밤 센터의 전체 거리를 횡단하여 걸어서 건물을 출입해야 한다. 그녀의 직속 부하직원들은 건물의 긴 쪽 측면으로 그녀와 나란하게 있다.

제인은 콜센터에서 상당히 많은 결정을 내렸다. 그녀의 하루일과는 회의로 가득 차 있으며, 대부분 회의실에서 진행된다. 그녀의 직속 부하들은 그녀를 지속적으로 평가 모드로 묘사한다. 이 센터는 수백 개의 평가 항목을 수집하고 TV 업계 경영진이 공연에서 숙박 인원수를 검토하는 것처럼 제인은 매일 이를 검토한다. 그녀는 좋고 나쁜 평가뿐만 아니라 일들과 관련한 강약점의 상관관계도 부여한다. 다시 말해서 어떤 것은 나쁘면서 고객에게 약하거나 의미 없는 영향을 미친다. 어떤 것은 나쁘지만 고객에게 강한 영향을 미친다. 일부 활동은 전혀 영향을 미치지 않으며, 왜 그런 활동을 하는지 궁금해한다.

이러한 유형의 회의가 매일 매일 지속되고 있으며, 그녀의 직속 부하직원들은 행동 계획을 세우고 제인은 측정 결과를 기다린다. 그녀는 부정적인 결과의 수를 줄이면서 가장 긍정적인 영향을 줄 결정을 지속해서 기대하며 행동이 긍정적이거나 부정적인 영향을 미치지 않는 영역을 반복해서 보면서 목표를 바꿀 수 있는 방법을 찾기 시작한다. 때에 따라 측정 항목간에 패턴이 나타나기 시작하고 다른 점에 대해 생각하기 시작한다.

제인은 콜센터 정책, 규칙, 때로는 사람들의 사고방식을 통해 조직의 성과가 향상되는 것을 끊임없이 관찰하고 있다. 그녀는 일이 어떻게 수행되고 고객에게 미치는 영향에서 의미있는 차이를 찾기 위해 끊임없이 노력한다. 그녀와 그녀의 팀은 해결안을 찾아서 검증한다. 측정 결과에 변화가 없으면 새로운 해결안을 검증한다. 실제 실행가능한 해결안을 찾는 것을 매우 활기차게 진행할 수 있다.

조직에서 성과가 뛰어난 제인의 위상은 여러 가지 기술 및 소프트웨어 구현을 기반으로 하여 성과를 향상할 뿐만 아니라 지표를 크게 개선했다. 그녀는 매일마다 하는 평가에 대해 강박관념이 있지만, 조직 운영 방식에 변화를 주기 위해 그녀 스스로를 동기부여하는 데 많은 시간이 걸린다.

그러나 그녀의 직속 부하직원 중 한 명이 말했듯이 "모든 것을 한꺼번에 확 바꾸기 때문에 제인이 언제 변경하기로 했는지 주의를 기울여라." 그리고 다른 동료 중 한 명이 다음과 같이 말했다.

"제인은 자신의 새로운 목표가 자신을 지원하는 다른 직무 및 부서에 미치는 모든 영향을 항상 보고 있지만 충분히 이해하지는 못하며, 종종 예산을 허물고 부문 목표를 표명하는 데 어려움을 겪게 된다. 그러나 그녀가 하는 일과 기능에 대한 놀라운 결과를 얻는다. 그래서 모두는 그녀에게 도움을 주기로 마음을 먹고 참여하게 된다. 결국 그녀는 그것을 알아내고, 항상 감사하게 생각한다."

혁신의 숙달

우리 연구의 리더들을 살펴보면서 세 가지 주요 혁신 사례를 발견하였다.

- 기회 탐색 및 확장
- 게임 변경
- 변화 이끌기

기회 탐색 및 확장

우리는 혁신과 변화에 관한 효과적인 리더에 관한 여러 주제를 접하였다. 리더십 전문가와 리더십 개발 전문가 모두 혁신과 관련된 몇 가지 주요 행동 패턴을 식별했다. 첫째, 혁신적인 리더들은 외적으로 집중했다. 우리는 이 리더들이 외부 문제, 고객 참여, 경제 및 경쟁 등에 80%의 시간을 보냈다고 추정한다. 둘째, 그들은 세상을 기회로 가득 찬 것으로 보는 경향이 있었고, 올바른 기회를 찾아야 했다. 셋째, 그들은 이미 일어난 일이 아니라 할 수 있는 일에 대해 대화하며 집중하는 경향이 있었다.

워렌 베니스 Warren Bennis 는 수년 전에 『리더가 되는 것 Becoming a Leader』에서 지적한 것처럼 반대 의견을 장려했다. 리더는 "검증하고 측정한다 tested and measured ."

게임 변경

워렌 베니스가 '검증 및 측정 tests and measures'이라고 부르는 것을 행동 학습 Action Learning 이라고 부를 수 있다. 즉, 새로운 아이디어를 지속해서 테스트하고 조직을 구성하여 사업을 운영하고 새로운 제품이나 서비스를 도입하기 위한 아이디어를 창출하는 새로운 방법을 지속적으로 테스트 할 수 있다. 적용되고 있는 것을 유지하고 그렇지 않은 것을 버리는 규칙에 따라 조직은 지속적인 학습 및 변화 상태를 유지한다. 어떤 리더는 시장, 조직 또는 고객 유형의 운영 체제를 변경하는 방법을 찾으려고 하여 더욱 정교한 접근 방식을 취하기도 한다. 운영 시스템을 변경하여 주어진 환경에서 일어나는 일을 실제로 변화시키고 있다. 이를 위해서는 어떤 일이 발생하는 방식뿐만 아니라 그 일이 발생하는 규칙 또는 규정을 변경해야 한다. 이런 식으로 변화를 이끌어 가려면 세부적인 부분이 필요하다.

변화 이끌기

리더십을 발휘하는 것은 본질적으로 변화를 이끄는 것이다. 조직 외부에서 변화가 일어난다. 자연 자원, 인구 통계, 기술, 지배구조 및 세계화의 비대칭성 등이 변화를 주도한다. 당신은 변화의 요구를 고수하고 무시하거나, 변화의 복잡성, 딜레마, 불확실성에도 불구하고 최선을 다하여 면밀하게 살펴볼 수 있다. 자신이 생각하는 최선의 사고를 검증하고 측정할 수 있다.

변화가 일어나지 않고 있는 순간은 없다. 리더의 역할은 시스템, 프로세스 및 사람들의 변화를 이끌고 관리가 아닌 조직의 성공에 부정적인 영향을 미치는 변화보다 앞서 나가는 것이다. 그렇다, 부정적인 에너지는 항상 긍정적인 에너지보다 사람들에게 더 큰 영향을 미치는 것처럼 보이기 때문에 변화에 대한 저항이 있을 것이다. 비전과 목표에 관해 더 자주 의사소통해야 한다. 리더로서 비전을 단지 소유해서는 안 된다. 즉 리더가 직접 소리를 내고 변화에 대한 긴박감을 가져야만 한다. 항상 변화의 역할 모델이어야 한다. 행동, 의사소통 방법, 회의 및 기타 행사에서 사람들의 관심을 모으는 방법으로 상징을 활용해야 한다. 당신은 통제의 필요성이 있을지라도, 사람들을 편하게 대하고 포용해야 한다. 직관으로 느끼는 것이 있음에도 불구하고 진실을 말하는 사람이 되어야 한다. 소통 전문가와 리더가 다음과 같이 패턴화한 영감을 불러 일으키는 방법을 익혀라.

- 상황을 솔직하고 간략하게 설명한다.
- 해결안과 그 목적을 열정적으로 설명한다.
- 해결안이 작동하는 이유를 보여주는 3~5개의 동기부여 포인트를 강조한다.
- 실행 과제에 대해 정직하게 대한다.
- 참여하는 사람들로 인해 성공한다는 믿음을 표현한다.
- 변화하는 동안 사람들이 할 수 있는 게임들을 제거한다.

자기 보호적이고 자신을 위해 이익을 얻으려고 노력하고 균형감을 잃어버리는 것은 정상적인 인간 행동이다. 긍정적이고 목적의식이 있는 리더로서 당신은 행동을 불러일으키고 그 효과를 지울 수 있다. 변화에 익숙해지는 것은 리더십과 밀접한 관련이 있다. 리더십을 발휘한다는 것은 변화를 창출하는 것이다.

핵켄삭 메르디안 헬쓰 Hackensack Meridian Health

경험이 많은 두 회사를 다른 문화와 결합하면 어떤 조직을 얻게 되는가? 궁극적인 조직의 목적이 모든 것을 하나로 모을 수 있는가? 핵켄삭은 다양한 혁신 방법론을 통합하여 실제로 조직을 더욱 변화시키고, 성과가 높은 개인이 경력을 발전시킬 수 있는 실질적인 기회를 제공하는 조직 구조 조정을 시작했다. 또한 회사 전체의 수많은 문화를 하나의 문화로 변화시키는 여정을 시작했다. 미션은 의료 서비스를 혁신하고 긍정적인 변화의 리더로 인정받는 것이다. 비전은 혁신이 DNA의 일부이다. 또한 회사는 이러한 높은 목표를 지원하는 행동의 기초로 4가지 신념을 만들어 전달했다.

여기서 인재 개발 및 조직 효과성 담당 부사장인 파트리스 벤투라 Patrice Ventura 와 지식과 경험 최고 책임자인 낸시 코코 란-다비도프 Nancy Corcoran-Davidoff 는 그 방식을 공유한다.

벤투라는 다음과 같이 말한다.

리더십은 책임이다. 우리는 항상 팀장에게 가장 중요한 사람이 되도록 모든 일을 통해 리더에게 말한다. 리더는 진행 중인 일을 어떻게 전달하고 팀과 상호 작용하며 팀이 잠재력을 발휘하도록 지원하는가? 개인이 자신을 개발하고 실천하고 자기 인식이 있는 경우 목적을 가지고 이끌 수 있다. 사람들은 그것을 원해야 하며 그래야 사람들은 변할 수 있다. 아무도 그들이 그렇게 하도록 강요할 수 없다. 코치는 사고 과정을 도와줄 수 있지만, 그 대상자가 그것을 원해야만 할 수 있는 것이다.

이 회사의 가장 큰 장점은 미션과 목적이 있다는 것이다. 건강관리는 우리의 미션이며 목적이다. 우리 조직의 리더가 조직 내에서 성장함에 따라 열심히 일하는 리더들을 보면 일선과의 연결성을 잃지 않는다는 점이다. 직원 수는 33,000명이며 증가하고 있다. 우리는 환자와 사랑하는 사람들을 돌보기 위해 여기에 있다. 따라서 병원에 오는 것은 환자만이 아니다. 가족과 친구들도 있다. 따라서 우리는 전체 시스템을 관리해야만 한다.

우리 문화에는 동정심 Compassionate, 용기 Courageous, 창의 Creative, 협업 Collaborative 의 네 가지 C가 있다. 우리는 팀원의 행동 또는 특성과 네 가지 C와 관련된 리더의 행동을 설계하기로 했다. 우리는 상세한 내용을 제공하여 사람들이 일년 내내 그들의 행동에 대해 대화할 수 있도록 한다. 그렇지만 우리는 혁신적인 방법으로 건강관리 방법을 제공하는 리더이다. 우리는 병원, 의사 사무실, 요양원, 외래 진료, 재활, 통합 건강 등 완벽하고도 지속적인 범주의 치료를 제공한다. 우리는 사람들이 들어올 때 받을 치료 네트워크를 갖도록 거점들을 연결하려고 한다. 그것은 사람들의 건강을 유지하게 하기 위한 것이다. 우리는 이를 지속적인 돌봄이라고 부른다.

목적의식 있는 리더십의 핵심요소를 살펴볼 때, 채용하는 방식이 변하고, 사람들을 훈련시키는 방법이 변하고 있다. 우리는 개발 관점에서도 다르게 생각해야 한다. 집합 교육일까? 결코 아니다. 또한 경험이 있어야 한다. 그것이 사람들이 학습하는 방법이다. 우리는 16개 병원과 다른 모든 시설 내에서 멘토링과 코칭을 하고 있다. 어떤 산업에서는 사람들이 마지못해서 할지 모르지만 건강 관리 분야에서는 사람들이 참여하고 몰입하도록 해야 할 필요가 있다. 리더로서 팀의 기능과 의사소통 방식을 살펴봐야 한다. 그들이 실패하지 않도록 서로를 돕지 않으면 어딘가에 문제가 있을 것이다. 우리는 신뢰성이 높은 조직이 되기 위한 여정에 있다. 우리는 디자인 사고와 신뢰도가 높은 전략 및 기법을 적용하는 방법에 대해 많은 개발 기회를 가지고 있다. 이것은 다른 분야에서 리더가 되는 방법으로 확장된다. 핵심은 당신의 내부에서 나온 것이다. 그것이 '성장하는become' 것이다. 다른 과제가 생기게 되고 세상이 변화한다. 조정해야 하지만 핵심 가치를 유지하면서 다양한 방식으로 기술을 향상해야 한다. 당신은 리더이자 기여자로서 자기성찰적이어야 할 뿐만 아니라, 세상이 어떻게 변하고 어떻게 조정되는지를 알아야 한다.

코코란 Corcoran-Davidoff 은 다음을 추가한다.

우리는 이를 리더십으로 되돌리기 위해서는 조직의 리더가 성공하기 위한 다른 기술이 필요하다고 생각한다. 예를 들어, 혁신과 변화에 중점을 둔 조직인 경우 리더는 매우 민첩해야 한다. 그들은 과정을 조정하고 빠른 속도로 일할 수 있어야 한다. 우리가 추구하는 이 방향으로 인해, 많은 잠재적 파트너들로부터 연락을 받고 있다. 때때로 너무 많은 일이 일어나고 있다고 느끼지만, 이 환경에서 리더들은 이러한 기회가 오지 않을 수도 있음을 이해해야 한다. 다시 주위, 또는 경쟁 업체가 먼저 참여할 수 있다. 민첩성이 중요하다.

모든 단계의 혁신이 필요하다. 우리는 건강 관리를 변화시킬 것으로 믿는 제품에 투자할 수 있는 환경을 조성하고 있다. 그 맥락에서 우리는 상당한 양의 자금을 투자한 샤크탱크 미국의 창업투자유치 오디션 방송 버전을 만들었다. 사람들은 그들의 아이디어를 쏟아 내고 있다. 민첩성과 혁신을 강조하는 리더를 위한 새로운 기술, 새로운 기술을 지원하는 환경, 영감을 주는 리더십 등이 우리의 초점이다. 우리의

> 문화는 사람들이 진화하고 무엇인가 되게 하는 것이다.
>
> 이 회사는 개발 중심의 조직을 가지고 있다. 사람들은 항상 '성장 becoming'하고 있으며 그 결과 조직은 끊임없이 진화하고 혁신하고 있다. 이 모든 활동의 풍부함과 복잡성은 더 나은 치료, 더 나은 간호인 및 더 나은 조직이라는 결과를 가져온다.

혁신의 아름다움은 단지 한 가지 방법만 있는 것이 아니다. 그렇다고 혁신에 도움이 되는 방법과 프로세스가 없거나 혁신을 위한 '행동강령 code'의 작성을 포기해야 한다는 의미는 아니다. 혁신은 우리가 목표를 달성하도록 도와준다. 리더의 역할은 경쟁 혁신이 필요한 곳을 목표로 하는 것이다. 리더는 또한 팀이나 일하는 과정에서 발생하는 너무 제한적이지 않은 혁신 관련한 내용에 대해 경청해야 한다. 조직에서 혁신을 위해 수행할 수 있는 구성원들의 역할에 대한 모든 사람의 인식을 심화시키는 것은 리더의 책임이다.

링키지의 경우 리더십은 품성, 윤리 및 목적을 형성하는 곳에서 '성장 Becoming'에 관한 것이다. 당신은 자각하고 신념을 가지고 있다. 지난 30년 동안 리더십 개발은 뚜렷한 역량에 중점을 두었으며 성격, 성실, 책임 및 타인에 대한 존중, 신뢰, 윤리에서 벗어나 있었다. 우리가 보았듯이, 우리는 리더를 개발시키는 데 있어서 더 나아지지 않았다. 우리 사례에서 매혹적인 것은 효과적인 리더는 워싱턴 포스트의 캐서린 그레이엄과 비슷하게 훈련이나 개발, 과제해결에 시간을 투입하지 않고 나타나 리더십을 발휘한다는 것이다. 그들은 적응력이 강하며 학습하는 능력을 갖춘 목적이 있고, 매력적이고, 혁신적인 리더로 나타난다.

일부 의사결정 시스템에서는 종종 부정적인 결과의 수를 줄이면서 가장 긍정적인 결과를 도출할 의사결정을 찾으려고 노력한다. 갤럽의 통계를 살펴보면 10명 중 2명만이 리더십을 발휘하는 데 능숙하다. 약 10분의 6은 충분하지만, 여전히 너무 느리게 학습하거나 잘못된 것을 배우고, 10분의 2 정도는 문화, 사람들 및 비즈니스에 피해를 준다. 목적의식 있는 리더십 진단 결과 데이터에 대한 분석도 비슷하다. 의사결정 시스템과 비교하여, 리더십 개발 시스템은 어떤 리더가 긍정적인 결과를 내고 있는지 측정하고 더 많은 일을 하기 위해 어떻게 일어났는지 파악해야 한다. 의미의 비교를 계속하면서, 리더십 개발 시스템은 어떤 리더가 부정적인 결과를 낳고 있는지, 개발 계획을 통하여 혹시라도 구제받을 수 있는 리더를 배제하고 있지는 않은지 측정해야 한다. 우리는 리더십 개발 방식을 다시 정립해야 한다.

혁신 Innovation

Q '아무것도 없는 것'에 대해 얼마나 자주 생각하는가?

Q 조직과 관련된 트렌드와 패턴을 외부에서 얼마나 자주 살펴보는가?

Q 정기적으로 또는 일상적으로 어떤 소스 또는 유형의 정보를 간과하거나 무시하는가?

Q 조직의 문 너머에 있는 세상에서 오는 세 가지 사각지대는 무엇인가?

Q 내부 또는 외부 혁신으로 눈을 멀게 한 적이 있는가?

Q 중요한 결정을 어떻게 처리하는가(철회하거나 되돌릴 수 없는 결정)? 마치 생사가 달린 문제처럼 다루는가, 또는 한 번에 한 걸음처럼 단계를 거치는가?

Q 당신의 경쟁력이 정말 빈틈이 없다면, 시장에서 어떻게 당신을 이길 수 있는가?

Q 팀이 혁신하기 위해서는 어떤 문화와 태도를 배양해야 하는가?

Q 내년에 실제로 4학기 대학원에 입학한다고 가정해 보자. 첫 번째 학기, 두 번째, 세 번째 및 네 번째 학기에 무엇을 배우게 되는가? 배운 내용으로 무엇을 할 것인가?

Q 어떤 혁신이 당신의 리더십 성과에 중대한 영향을 미치는가? 그 하나의 목표를 어떻게 작성할 것인가?

7장

기술적인 것과 리더십 딜레마

....

리더십은 사람들에게 효과적인 아이디어를 전파할 수 있는
플랫폼을 제공하는 기술이다.

– 세스 고딘 Seth Godin , 전 닷컴 커뮤니케이션 담당 임원 겸 저자

1972년 여름, 세계는 당시 소련의 챔피언인 보리스 스파스키 Boris Spassky 와 미국의 도전자인 바비 피셔 Bobby Fischer 사이의 세계 체스 챔피언십 World Chess Championship 을 보며 즐거움을 느꼈다. 스포츠, 정치, 연극, 그리고 기이함이 동시에 있었다.

수십 년 후, 나는 런던에서 미국으로 돌아오는 비행기에서 제임스 슬레이터 James Slater 라는 사람 옆에 앉았다. 당시 나는 금융 서비스 업계의 젊은 관리자였다. 기술적인 역할을 하는 보험실무자와 비교할 때 관리자의 역할을 좋아하지 않았다.

슬레이터는 모든 산업에서 다양한 관점이 있을 수 있다고 설명했으며, 체스 선수권 대회를 예로 들어 이를 설명했다. 우선, 체스 전투원과 플레이어가 있다. 그는 이것이 명성과 영광이 함께 있는 곳이라고

말했다. 그러나 특히 세계 선수권 대회에 심판도 있는데, 이 대회에 심판으로 선택되는 것만으로도 명예로운 것이다. 양측의 경기를 공정하게 진행해야 하는데, 세계 체스 연맹World Chess Federation 관리기구인 FIDE는 세계 타이틀 시스템과 세계 타이틀 및 기타 타이틀을 감독하고, 게임 규칙을 게시, 회원 규칙을 유지 관리, 회원 모집, 기금 모금 개발, 그리고 게임을 홍보하는 역할을 한다. FIDE의 역할은 또한 많은 명성을 포괄하고 있는 것 이상으로 훨씬 더 광범위한 것이다. 체스 경기는 또한 경기를 홍보하고 경기를 한다고 게시 및 광고하며 사이트 관리 및 공급 업체 관리를 수행할 사람을 필요로 한다. 이러한 각 역할에는 고유 전문 지식이 필요하며 세계 체스 선수권 대회에서 그 고유한 역할을 수행해야 한다.

  슬레이터는 내가 잘하는 단계를 찾아 그 수준에서 플레이하라고 권고했다. 그는 회계사였지만 그 회계 지식을 바탕으로 한 더 귀중한 기술이 있다는 것을 알았다. 이를 통해 이벤트사의 비즈니스 관리자가 될 기회를 갖게 되었다. 작은 행사로 시작하여 기술을 쌓고 전국 행사를 하여 명성을 얻고 대규모 국제 행사에 뛰어들기 위해 모든 것을 다시 배웠다. 각 단계에서 다양한 이벤트가 유발하는 많은 문제를 처리하기 위해 팀의 역량에 계속 집중했다. 그는 내가 가장 잘하는 보험 업계의 수준을 찾도록 격려했다. 나는 훌륭한 보험업의 실무자였을지 모르지만 보험 프로세스를 관리하거나 금융 서비스 사업을 이끌거나 업계에서 일하거나 규제담당 기관에서 일하는 것이 더 나을 수도 있었을는지 모른다. 모든 역할에는 개인마다 다른 기술, 관심사 및 다른 리스크들이 있다. 그는 이런 종류의 역할과 책임이 없는 산업을 생각할 수 없었다. 단일 회사에 머무르고 싶다면 다른 기술, 관심사 및 위험 요소들과 함께 다른 역할을 수행해야 했으며, 조사해야 할 규모도 달라야 했다. 즉, 각 실무자, 팀 리더, 부문 리더, 비즈니스 리더, 사업부 리더 등과 같이 다르다.

CCL Center for Creative Leadership 은 운영 규모 측면에서 리더들의 규모 방식을 문서로 만들었다. 우리는 그들이 리더로서의 정체성을 어떻게 형성했는지에 더 관심이 있었다. 다시 말해, 소프트 기술과 하드 기술 사이, 전문 기술과 리더십 기술 사이에는 딜레마가 없다. 그것은 잘못된 분류 방법이다. 각 관점이나 역할에는 특정 조직화 기술과 특정 전문 기술이 필요하다. 각 역할마다 관리의 복잡성과 관리해야 할 다른 리스크를 가지고 있다. 물론, 위치마다 노출이나 가시성이 다르므로 자체 리스크가 발생한다. 모든 사람이 다른 사람들을 위해 결정을 내릴 책임이 있는 것은 아니다. 모든 사람이 다른 사람들의 일과 결정에 책임감을 느끼는 것은 아니다.

조사 결과, 우리가 인터뷰한 리더들은 개인적으로 이득을 얻는 것이 야망은 아니지만, 야심 찬 일임을 알았다. 그들은 각자 자신의 자취를 만들고, 자신보다 더 큰 것을 이루고, 세상을 변화시키기를 원했다. 일부는 비즈니스 전공, 다른 일부는 엔지니어, 일부는 보안 연구, 일부는 어린 시절의 열정을 따랐다. 대학 총장, 대도시 경찰서장, 원자력 발전소 관리자, 철도청장, 병원 관리자, 학교 교육감, 영양사 서비스와 비디오 게임 설계자 등의 회사 책임자들을 인터뷰했다. 유원지 놀이기구를 디자인한 회사를 이끄는 디자이너, 경주용 자동차 운전자를 원하는 극한의 운전 기술을 가르친 회사의 리더들도 인터뷰하였다.

인터뷰 대상자의 약 35%는 어떤 업종에 지원하고 싶었는지, 또는 졸업 후 어떤 회사에 취업하고 싶은지에 대한 명확한 아이디어가 없는 교양 전공생들이었다. 그러나 그들이 하고 싶지 않은 것에 대해서는 명확한 아이디어를 가지고 있었다. 그들은 모두 매일 수행한 일을 좋아했고, 의미 있고 목적이 있는 일을 하고 싶어했다. 그들 중 누구도 언젠가는 큰 조직의 '리더'가 되리라 생각하지 않았다. 그들은 모두 자신이 선택한 직업의 기술적인 측면에서 흥미를 느끼고 있었다. 세 핵심인재 사례에서의 경우, 제임스는 대학에 진학하여 마케팅을 전공했고, 프리야는 토목공학을 전공했으며 제인은 대학을 졸업한 후 무엇을 원하는지에 대한 명확한 아이디어가 없는 교양학을 전공했다. 우리는 모든 리더 사이에서 '그들 자신들보다 더 큰 bigger than themselves' 일을 하면서 그들의 관점과 역할이 어떻게 바뀌었는지에 대한 명확한 아이디어를 발견했다.

그들이 개인적이고 전문적인 목적을 찾은 방법에 관해 우리는 인터뷰한 리더들로부터 몇 가지 지배적인 주제를 도출했다. 이야기하고 조사하는 과정을 통해 그들은 리더로서의 정체성에 관해 복수의 주제를 가지게 되었다.

관점의 확대

우리가 누구와 이야기하든, 모든 리더는 항상 더 넓은 관점을 찾고자 성찰한다. 예를 들어, 주택을 짓거나 건축하는 엔지니어인 경우 마케팅, 판매, 보증 및 재무 상황에 대한 관점을 넓힌다. 그런 다음 다시 관점을 넓히고 산업과 경쟁조직을 둘러본다. 다음으로, 공동체, 지역사회, 국가에서 일반적으로 주택에서 발생하는 일을 살핀다. 그 후, 주택과 관련하여 문화적으로 무슨 일이 일어나고 있는지 트렌드, 이슈 및 기회를 파악한다. 초점을 뒤로 당기면서 점점 더 다양한 시각, 산업 역학의 일부인 더 다양한 유형의 문제 및 실제 상황을 설명하는데 더 많은 방법을 포함하게 된다.

우리가 인터뷰 한 모든 리더에게 '관점의 확대 widen their lens'만큼 가치있는 것은 없었다. 여러 리더가 광범위하고 빈번한 독서를 장려했다.

개인적인 열정 갖기

우리의 모든 리더는 관점을 넓히는 연습이 더 유용해짐에 따라 업계의 특정 문제 또는 일련의 문제에 대한 열정을 개발했다고 말했다. 둘 이상의 개인에게 안전은 특별한 열정이었다. 또 다른 사람들은 그들의 에너지, 즐거움 및 열정은 다른 사람들을 돕는 데서 온 것이라고 하였다.

우리가 인터뷰한 모든 리더는 그들의 열정이 궁극적으로 리더십 비전이 되는 것에 직접적인 책임이 있다고 말했다. 그들의 분야에서 깊고 개인적으로 의미가 있는 것은 궁극적으로 그들에게 영감을 주었을 뿐만 아니라 다른 사람들에게 영감을 줄 정도로 전염성이 있었다. 또한, 각자의 열정이 뒤떨어졌을 때 서로 다른 주기를 볼 수 있었으며, 이해관계자의 참여와 열정도 줄어들었다. 대부분의 리더에게 이것은 "아하" 하는 감탄의 순간을 가져왔다. 즉, 단지 조직에 활력을 불어넣는 개인

보다는 각자의 열정을 살려 다른 사람에게 공감하는 리더가 더 필요하다. 그들은 비전에 관해 열정을 가진 리더 네트워크를 구축해야 한다는 것을 깨달았다.

가치를 확장하라

많은 리더는 그들의 가치를 명목상이 아닌 실제 행동하는 리더가 된 것을 핵심요소로 논의했다. 인터뷰한 리더들은 업계에서 가치를 확장할 수 있는 방법을 찾는 것에 대해 이야기했다. 예를 들어, 어린 학생이었던 한 리더는 동시에 과학지이기도 했다. 그는 방과 후에 여전히 직관, 경험, 전통을 기반으로 하는 산업에 합류하였다. 이 때문에 오랫동안 약간 갇혀 있었다고 느꼈고 그 업계를 싫어했다. 그러나 점차 자신의 데이터에 대한 괴짜의 눈 geek's eye for data 이 자신의 강점으로 보이는 것뿐만 아니라 가치를 더할 수 있는 것임을 알게 되었다. 회사를 설립하고 데이터에 대한 사랑을 바탕으로 산업을 변화시켰다.

명확한 것을 간과하지 않아야 한다

우리가 조사하고 이야기한 모든 리더는 우리가 간과한 일반적인 현상을 언급했다. 즉, 당신이 별 의미 없이 보는 것에 주목했다. 열정은 여러 가지 방법으로 눈을 멀게 할 수 있다. 예를 들어, 몇 년 전에 나는 회사의 서부 지역 전체를 관리하는 리더의 코치였다. 그의 회사는 다양한 제품을 판매했지만 그는 회사의 한 부서에서 성장했으며 원래 부서의 제품 가치와 이점에 대한 강한 열정을 가지고 있었다. 이 열정을 다른 여러 분야에 적용하여 종종 그의 분야를 다른 부문의 모델 조직으로 채택하였다. 해당 부문에서 주로 홍보하고 해당 부문에 대한 투자를 선호하며 해당 부문의 핵심 인재에게 추가 혜택을 제공했다. 다른 사람들은 모두 몰입하지 못하고, 권한도 없이 배제되었다고 느꼈다. 그는 자신의 행동이 자신의 영역에서 '성공적인 성공' 패턴을 만드는 것을 보지 못했다. 모든 것과 모든 사람을 주의 깊게 보라. 패턴을 찾아라. 때때로 우리가 말한 리더들은 "당신 앞에 있는 것을 올바르게 볼 필요가 있을 뿐만 아니라 수천 명의 사람이 그것을 완전히 간과하고 있다"는 것을 말했다.

당신의 판단에 대해 자유로워져라

우리가 말한 리더 대부분은 다른 사람들을 대신하여 결정을 내릴 때 느낀 불편함에 관해 이야기했다. 한 리더는 다음과 같이 말한다. "리더십은 단순히 자신보다 더 큰 것을 성취하는 것이 아니다. 또한 꽤 많은 사람을 대신하여 돌보고 결정을 내리는 것에 관한 것이기도 하다. 그들이 당신과 함께 있더라도, 그들은 당신이 내리는 모든 결정에 항상 동의하지는 않는다. 그것으로부터 자유로워지는 데는 몇 년이 걸렸다."

리더십이 확장됨에 따라 필요한 데이터를 찾아서 사용할 수 있어야 한다. 대규모 조직에서는 정치적인 요소들이 리더들이 올바른 판단을 내리기 위해 무엇을 보아야 하는지 모호하게 만들 수 있다.

고객에게 가치를 부여하고 공감하라

한 리더는 결정을 내리고 전략을 수립하고 다음 단계를 알아내는 비밀 공식을 가졌다. 그는 간단하게 한 가지 질문을 했다. "고객을 위해 하는 가장 좋은 일은 무엇인가?" 그것은 물론 큰 비밀은 아니다. 고객의 삶에 변화를 불러일으키는 것이 수십 년 동안 비즈니스의 핵심요소였지만 놀랍게도 요즘에는 많은 비즈니스에서 누락되고 있다. 예를 들어 공감은 다양한 형태로 제공될 수 있으며, 제품이나 서비스를 보다 저렴하거나 더 유용하거나 안전하게 혹은 고품질로 만들 수 있다.

우리가 인터뷰한 한 리더는 고객이 필요할 때 필요한 것을 살 수 있도록 재고 관리 방법을 배우는 데 전체 경력을 보냈다. CEO 역할이 시작되고 조직은 800개가 넘는 위치에 있는 하나의 통합 재고에서 여러 가지 다른 브랜드를 관리했을 때 목표와 조직을 관리할 수 있었다. 우리와 함께 일한 또 다른 리더는 회사의 주력 제품을 보다 적절하게 생산했다.

초보자의 마음을 가져라

혁신이라는 단어의 근원은 초보자를 의미하는 단어에서 나온다는 점을 상기시키기 위해 우리가 말한 리더 중 한 명은 초보자가 생각하는 문제를 진정으로 탐구해야만 한다고 주장한다. 당신이 어떤 영역에 대한 전문성을 가지고 있다고 생각하더라도, 그 영역에서 일한 후 시간이 지났을 수 있으며, 시간이 지남에 따라 상황이 크게 바뀔 수 있다.

실제로 당신이 알고 있다고 생각하는 것을 알아내기 위해서는 때때로 참을성과 인내심이 필요하다.

행동에 집중하라

우리는 인터뷰 대상자들의 의견에 초점을 두고 많은 다른 의견을 들었다. 어떤 사람들은 중요한 몇 가지 문제를 찾아 그에 집중한다고 말했고 다른 사람들은 당신이 하기로 한 것에 초점을 맞추겠다고 말했다. 어느 쪽이든, 우리의 리더들이 이야기하려고 하는 것은 "무엇이든지 강렬하게 하라"라는 것이다. 리더들이 언급한 한 가지는 당신이 의도하고 약속한 것들을 너무 소심하게 하지는 않는지 확인하라는 것이다. 당신이 모든 것을 할 수 없고 모든 문제를 해결할 수 없을 때는 시도하지 마라. 많은 일을 작은 차이로 만들기보다는 자신이 하는 모든 일에서 큰 차이를 만든다. 그들이 말했듯이 "적을수록 더 좋다 Less is more."

맹점과 약점을 제거해라

우리의 연구가 밝혀내려 노력한 중요한 생각은 리더가 맹점이나 약점을 제거하기 위해 끊임없이 노력해야 한다는 기본적인 아이디어였다. 대단한 강점을 알고 이해하는 것은 훌륭하지만, 리더십은 리더의 역량을 지속해서 미세하게 조정해야 하는 평생의 여정이다. 세상이 계속 변화하고 조직이 계속 변화하기 때문에 리더십 역량은 정체될 수 없다. 리더가 조직을 확장함에 따라 변화의 규모와 범위의 결과로 새로운 맹점을 극복할 것이다. 리더는 현재의 맹점을 찾아 그것을 제거해야 한다.

윤리적인 리더가 되라

우리가 살았던 시대일지 모르지만, 우리가 인터뷰한 리더들의 100%는 성장의 원천으로 윤리에 대해 이야기했다. 실제로, 우리 대부분의 리더들은 비즈니스와 조직의 윤리에 관해 얼마나 학습해야 하는지 놀라움을 표하며 이야기했다. "구성원들을 이끄는 방법을 배우면서 고객 서비스 역할을 맡았으며 윤리를 숙달했다고 생각했다. 그러나 일단 사업가 역할을 시작한 후에는 우리가 수행한 연구의 윤리에 대해 배워야 했다. 나는 또한 규제를 다루는 윤리, 은행의 윤리, 그리고 공동체와 국가 일부가 되는 윤리에 대해서도 배워야 했다"라고 한 리더는 언급했다.

과거를 존중하고 감사해라

리더가 '조직의 과거 여행 가이드'에 대해 이야기할 때 리더십 성장에 대한 놀라운 주제를 가져다준다. 리더들은 과거 세대를 기반으로 리더십을 구축하고 있음을 이해하고 인정해야 한다. 한 리더가 성찰하기를, "앞서서 비판하기는 쉽다. 그러나 어떤 시점에서 사람들은 항상 제시간에 할 수 있는 최선을 다한다는 것을 인식해야 한다. 과거의 모든 결정을 잘못된 결정이라고 할 수는 없다. 모든 것과 모든 사람을 비판하는 것만큼 좋지 못한 리더는 없다." 미래를 구축하기 위해 장학금을 활용하여 사람들과 과거의 업적을 존중하는 법을 배워라. 다른 리더는 "끝난 것은 끝난 것이다. 놀라웠다면 그것은 끝난 것이다. 작동하지 않으면 끝난 것이다. 과거와 관련하여 여전히 남아있는 것을 찾고, 존중하며, 미래를 향해 나아가라"고 말한다.

이미 성취한 것에 안주하지 마라

우리가 면담한 리더들이 표명한 가장 중요한 주제는 아마도 리더십 성장에 관한 것일 것이다. 당신이 성취한 것에 만족해 앉아있다면, 새로운 어떤 것들도 보지 않을 것이다.

"처음 회사에서 리더십을 접했을 때 45세였다. 50대 후반과 60대 초반의 이 리더들이 20년 전에 개척한 시스템을 보호하는 것 외에는 어떠한 새로운 가치를 부가하지 않는 것을 보고 놀랐다."

한 리더는 "전통적인 유산을 보호하기 위한 노력은 회사의 경쟁력을 높이기 위한 노력보다 훨씬 강력했다."라고 말했다. "젊은 세대들이 나를 바라보며 그 세대의 리더십에 대해 말을 하는 것을 원치 않았다."

리더는 목표 달성 방법을 포함하여 자신이 설정한 목표와 비전을 책임진다. 그들에게는 상황, 사건 및 사람들에 대한 최대한의 이해를 가능하게 하는 관점이 필요하다.

리더로서의 책임의 범위가 넓을수록 그들의 관점은 커져야 한다. 다시 말해, 리더는 궁극적으로 다방면에 걸쳐 많이 아는 사람이어야 한다 특정 분야의 전문가와는 반대. 리더가 속한 산업과 조직이 무엇이든, 그들이 오르고 있는 조직 사다리가 무엇이든, 리더들은 더 큰 세계에 대한 이해를 풍부하게 해야 한다.

리더십 역량

목적의식 있는 리더십에 대한 연구에서 우리는 리더십 전문가와 매우 효과적인 리더에게 다음과 같은 질문을 했다. 가장 큰 차이를 만드는 기술은 무엇인가? 우리는 다음과 같은 답변을 들었다.

- 비전, 목표 또는 방향 설정 리더의 기술
- 목표 지향
- 전략과 전략적 사고
- 재무적 통찰력
- 핵심인재, 시간 및 투자 등 전략 자원 조달
- 시스템 사고
- 정책, 규칙 설정 및 문화 관리
- 프로세스 관리
- 높은 자기 인식
- 높은 자기 조절
- 호기심

- 개방성
- 이타심
- 용기
- 명확한 의사소통
- 사회적 능숙함 사회성
- 그룹 / 집단 역학 활용
- 판단력 및 의사결정
- 이해관계자와의 협업 공동

리더십 정체성 Leadership Identity

Q 당신은 당신의 산업을 존중하고 당신이 열망하는 것이 무엇인지를 이해하고 있는가?

Q 리더십 성장을 어떻게 고양해 왔는가?

Q 전문적 관점에서 산업에서 일어나는 일을 이해하고 추적하기 위해 무엇을 하는가?

Q 판단력과 의사결정력을 개선하고 조정하기 위해 무엇을 하는가?

Q 고객의 변화에 대해 어떻게 알 수 있는가?

Q 윤리적 리더가 될 때 가장 용기가 필요한 곳은 어디인가? 용기가 좌절된 적이 있는가? 비윤리적인 상황이 발생했는데 돌아서서 아무 말도 하지 않고 관찰한 적이 있는가? 리더십 대화에 얼마나 능숙한가? 그 증거는 무엇인가?

Q 온종일 당신의 리더십을 비판하는 대화를 하는 동안 얼마나 편하게 앉아있을 수 있는가?

PART
5
성취하다
ACHIEVE

8장
가고자 한 곳으로 가라
: 성공의 구조화

....

내 입맛은 단순하다. 최고에 쉽게 만족한다.

– 윈스턴 처칠 Winston Churchill , 영국 총리

핵심요소 : 성취하다

적절한 구조와 명확함을 만들어
성공적인 결과를 달성하고 우수성을 제공한다.

학습 공간

1969년 여름, 엄청난 혼란과 투쟁 속에서 나는 미국 우주 비행사
가 달을 걸을 때 다른 세계를 함께 보았다. 이 행사는 케네디 대통령이

1961년 의회에 서서 달에 사람을 착륙시키고 10년이 지나기 전에 안전하게 지구로 돌아오는 대담하고 영감을 주는 목표를 제안한 결과였다. 목표 자체는 많은 리더십 연구, 워크숍, 기사와 서적의 사료였다. 우리 대부분이 기억하는 것은 미국 전체가 어려움을 겪고 분열하며 어두워졌던 상황이 우리 삶의 가장 극적이고 혁신적인 사건 중 하나라는 것이다. 그것은 가장 최선의 그리고 최악의 시간이었다.

이 이야기는 신화화되고 정교화되었지만 많은 학습 포인트가 있다. 젊고 영감을 주는 리더는 대담하고 환상적인 목표를 만들었다. 그렇다. 길을 따라가는 영웅들뿐만 아니라 실패와 승리도 있었다. 대부분의 사람은 미국 정부가 이 뛰어난 성공을 어떻게 구조화했는지에 관한 이야기를 잘 모른다.

대부분의 사람을 놀라게 하는 것은 이 목표가 엄청나게도 난데없이 날벼락처럼 비롯되었다는 것이다. 파괴적이라고 말하는 것은 과소평가다. 케네디의 내각과 고문 대부분은 완전히 놀랐고, 빈곤과의 전쟁, 시민권, 냉전과 같이 정부가 추구하고 달성하고자 하는 다른 모든 것을 훼손할 것이라는 사실에 더욱 실망했다. 어쨌든 목표와 1천억 달러라는 예상 비용이 행정 업무에 통합되어야 했다. 케네디 리더십 팀은 그들의 입장을 충분히 이해했지만 시간이 많지 않았다. 우리는 어디에서 자금을 구하는가? 예산을 수립하고 자금을 할당하는데 필요한 의사결정 절차는 무엇인가? 내각과 리더십을 어떻게 재구성하는가? 이게 NASA인가 아니면 군대인가? NASA가 이것을 할 만한 능력이 있는가? 우리는 이것을 할 재능이 있는가? 우리는 이것을 어떻게 그리고 어디에서 실행하는가? 우리는 정치화되는 것을 어떻게 막을 것이며 또

의회 의원들이 각자 자신의 주에서만 원하는 것을 하지 않도록 어떻게 막을 수 있는가?

미우주항공국 NASA 은 유인 우주 비행 프로젝트를 진행하고 있었지만, 오늘날 우리가 생각하는 것만큼 고성능 조직이 아니었다. 실패가 많은 결함이 있는 기관이었다. NASA 리더십에 대한 신뢰는 높지 않았다. 요약하여 보면, NASA가 이 목표를 실현할 수 있도록 하기 위해서는 프로그램 관리와 리더십이 간절히 필요했다.

케네디 팀원들이 목표를 구현하는 방법에 대한 결정을 내리기 시작하면서 그들 사이에서 논쟁이 있었으며 연대감은 매우 취약했다. 그러나 그들은 NASA와 함께 나아갔다. 다른 목표의 추진을 위한 연간 예산 할당, 전 세계적으로 조정을 감독하는 일련의 정부 기관, 그리고 정치적인 측면의 재조정 등은 백악관 존슨 부통령이 이끌었다. 다행스럽게도 1962년 존 글렌 John Glenn 의 우주 궤도 비행은 NASA에 대한 자신감을 회복하고 미국인들에게 실질적인 성취감을 제공하면서 성공을 거두었다. NASA가 동시에 제미니 및 아폴로 Gemini and Apollo 프로그램의 가속화를 발표하면서 노력은 계속되었고 전체 프로젝트에 추진력이 쌓였다. 달로 가는 길에는 전략과 계획이 있었다. 미국은 목표를 달성하기 위한 일관된 계획을 세우고 있었다. 각각의 연속적인 임무는 우주에서 새로운 기술 및 인간 지구력의 한계를 테스트했다.

케네디 암살 후 존슨 리더십 팀은 새로운 동기부여와 영감으로 목표를 잡았다. 다행히 존슨이 주도권을 잡고 있었으며 그는 미국 관료주의와 정치의 대가였고 NASA에 새로운 재정과 인재를 투입하여 더욱 강력하고 효과적인 조직 및 지원 시스템을 만들었다. 미국을 우주 공학의 산실로 이끌 수 있는 케네디 또는 존슨 리더십 팀의 단일 구성원은 없었다. 그러나 리더십 팀이 할 수 있는 것은 성공을 구조화하는 것이었다.

케네디와 존슨, 그리고 각 팀은 목표를 설정하고 목표를 달성할 수 있도록 현재 상태를 재구성했다. 그들은 재정만으로는 소비에트 연방보다 먼저 미국이 달에 도착하지 못하리라는 것을 암묵적으로 이해했다. 대신, 새로운 정부 구조를 만들고, 전체 추진 인재이민자 포함를 투입하고, 정부 간 커뮤니케이션 및 협력을 구축하고, 다른 국가로부터 국제적 지원 네트워크를 구축하고, 적극적으로 집중함으로써 달에 사람을 착륙시키는 목표를 추진하였다.

케네디나 존슨은 전체 추진조직을 꼼꼼하게 관리할 수 있었다. 이들은 그들의 전문 지식 분야 외의 세부 사항에도 관여할 수 있었다. 각각의 실패 또는 좌절은 마지막 단계에 가서 잘못된 결정을 내리고 실망감을 가져다주며 지연을 초래할 수 있다. 그들은 모든 것을 자신의 성과에 직접적인 영향을 미칠 수 있는 것으로 보았다. 이 전체 추진체가 얼마나 불확실하고, 신비롭고, 무서운지를 기억하기는 쉽지 않다. 대신에 그들은 무의식적으로 NASA가 목표에 초점을 맞추기 위해 NASA에서 할 수 있는 모든 것을 취하는 데 전념했다. 그리고 그들은 NASA가 성공하는데 필요한 모든 것을 갖추도록 했다. 리더십을 발휘하는 것이 무엇을 의미하는지에 대한 이해와 훈련은 심오했으며, 궁극적으로 우수한 결과를 낳았다. 오늘날까지 리더십을 가지고 구조와 조직에 초점을 두는 것은 리더십과 의사결정의 과정을 연구하는 소수의 학자를 제외하고는 거의 보이지 않고 있다.

올바르게 달성하기

우리가 목적의식 있는 리더십의 일부로 연구한 매우 효과적인 리더들은 성과를 곱하고 모멘텀을 가속해야 할 필요성을 이해했을 뿐만 아니라, 목표 달성과 관련된 리더들의 수를 곱함으로써 달성된다는 것도 이해했다. 기업 규모가 클수록 목표에 참여하고 헌신해야 하는 리더의 수가 더 많아진다. 자신이 하는 일을 알고 있는 리더들은 리더 집단을 구축한다. 그들은 시간이 지남에 따라 편안함을 느끼고, 기업 성공을 이끄는 올바른 종류의 일을 달성하기 위해 다른 사람들을 신뢰하게 된다.

우리는 이것을 '위임delegation'이라고 부르지만 실제로 '위임'이라는 단어를 들을 때 생각하는 것보다 훨씬 더 많은 의미가 내포되어 있다. 우리가 연구한 매우 효과적인 리더들은 다섯 가지 핵심요소 모두에 대해 균형 잡힌 접근 방식을 가졌다. 이것이 그들이 다른 요소과 함께 성과를 추구하는 이유이다. 효과적인 리더들은 위대한 목표를 정하고 올바른 인재를 확보하고 경쟁 혁신을 정의한 후 구조를 설정하고 권한과 책임을 위임하며 집중된 행동을 취했다.

그에 대해 많이 이야기하지는 않지만 목표 달성과 관련하여 리더들이 범하는 가장 크고 일반적인 실수를 이해하는 것이 중요하다. 즉, 현재 상태를 변경하지 못한다. 리더들이 도전적인 목표를 세울 때, 현재 일어나고 있는 일을 변화시켜야 하는 것이 성공에 가장 중요하다. 현재 상태가 올바르게 구성되었다면 이미 크고 까다롭고 대담한 목표를 향한 추진력을 구축하고 있어야 한다. 목표를 설정하면 목표 달성 방법을 조직하고 구성하는 방법에 대한 질문이 리더의 마음에 자동으로 생성되어야 한다. 다시 말해서, 현재 상태를 어떻게 바꾸는가?

권한과 책임의 위임

리더십 위임은 과업이 아닌 결과의 위임이다. 여기에는 각 기능과 비즈니스가 다른 기능 및 비즈니스와 일치하는 결과를 만드는 데 계속 노력해야 한다.

우리가 인터뷰한 리더들에 따르면, '어떠한 완결된 결과'가 '다른 일들과 조화를 이루며 한 결과'에 관한 것만큼 중요하지 않다.

한 리더는 다음과 같이 말한다. "일을 마치려면 주위의 리더들을 전적으로 신뢰해야 한다. 그것이 당신이 그들을 채용하는 이유이다. 조정하고 통합하는 것이 더 어렵다. 모든 에너지가 필요한 곳이다."

구조 수립

목표를 달성하기 위해 다른 사람들을 신뢰하고 권한을 부여하는 것이 중요하듯이, 일을 계속하고 발전시킬 경계를 설정해야 한다. 우리가 이야기한 리더는 '누구 who '인가로 시작했다. 핵심 또는 핵심인재는 엄청 많은 프로젝트, 추진조직 및 사업 분야에 있을 수 있다. 재능있는 사람들이 모든 유형의 일에 대해 잘 협력하는 것은 아니다. 불행히도, 모든 리더가 자신이 어떤 사람들과 잘 지내고 있는지 잘 알 수 있는 것은 아니다. 그들은 종종 함께 일하는 사람들을 잘 알고 있다. 매우 효과적인 리더는 조직이 직면한 다양한 유형의 과제에 누가 누구와 협력해야 하는지 알고 있다. 어떤 사람들은 일부 유형의 프로젝트에서 '물과 기름'이지만 다른 프로젝트와는 완벽하게 어울리기도 한다.

또한 구조에는 사업성 검토 또는 일에 대한 책임 영역도 포함된다. 정기적인 비즈니스 검토 또는 프로젝트 검토는 추진하는 일을 올바르게 구조화하는 과정의 일부이다.

마지막으로, 자금, 프로세스, 기술, 데이터 사용 등을 구조화하는 것은 사람들이 목표를 달성할 수 있는 환경을 만드는 데 중요하다. 구조를 수립하는 것은 ①목표, ②사람, ③보고, ④자본 및 ⑤프로세스와 시스템이다.

실행에 집중

"결과 달성에 있어 중요한 것은 ①일상적인 비즈니스를 효과적으로 유지하고 ②미래에 효과적으로 제공할 수 있도록 필요한 변화를 실행하는 것이다." 우리의 연구에서 한 리더가 이야기한 것이다. "이 두 가지 일을 할 수 있다면 결과를 얻을 수 있다." 우리의 연구에 따르면, 이것은 쉽지 않다. 우리가 연구한 수천 명의 리더 중 많은 리더가 일을 완수하는 데 어려움을 겪고 있으며 다른 여러 연구에서도 우리의 연구 결과를 입증하고 있다. 그러나 360도 데이터로 뒷받침되는 인터뷰 데이터는 특히 흥미로운 이야기이다.

효과적인 것으로 여겨지는 리더들은 고취와 몰입, 그리고 성장 요소에서 높은 평가를 받았다. 비효율적이라고 여겨지는 리더들은 성취 요소에서는 높았고 영감, 몰입, 성장 요소에서는 상대적으로 낮았다. 집중된 핵심요소로 영감을 얻은 리더는 결과를 얻는 데 어려움이 없다. 직관적인 것은 아니지만, 행동적으로 많은 리더는 영감을 불어넣는 것이 없는 상황에서 계속해서 성취하는 데 집중하고 있다.

흥미롭게도, 젊은 제임스는 아마도 고취 요소가 없으면서 성취 요소에 지나치게 집중하는 하나의 예일 것이다. 그는 종종 미세관리를 하는 관리자 또는 지나치게 관리적인 사람으로 묘사된다. 수치와 책임에 중점을 둔 그의 스타일은 세부 지향적이며 끊임없이 단조로움을 주고 있다. 퇴직자 면담에서 종종 사람들이 자신의 조직을 떠나는 이유 중 하나로 이 스타일을 이야기한다. 다른 한편으로 정말 훌륭한 사람들을 유지하며 이끌고 있다. 물론 프로젝트에 적합한 사람들을 배치하고, 각 프로젝트가 올바르게 운영되고, 혼란을 제거하고, 각 추진과제의 목표를 정확하게 달성하는 데 능숙하다. 전체적인 결과 및 프로세스 기록을 통해 그는 조직에서 핵심 리더가 되었다.

프리야는 세 사람 중에서 가장 균형이 잘 잡혀 있다. 그녀는 프로젝트에서 일어나고 있는 일을 소통함으로써 영감을 불어넣는 데 특히 탁월하다. 자신과 함께 일하기 위해 뛰어난 재능을 발휘하고 강력한 혁신 문화를 조성하며 조직의 평가 관리를 하는 데 탁월하다. 그녀는 매주 프로젝트의 모든 측면을 검토하는 일정이 있다. 그녀의 말에 따르면, 자신은 지속해서 모든 사람의 기여도를 높이고 있다.

제인은 이런 면에서 더욱 수수께끼가 많다. 그녀는 미세한 관리나 충분한 리더십 구조나 집중력 없이 성과를 달성하며 업무 정리와 인센티브를 구조화하는 방법에 중점을 둔다. 그녀와 그녀의 조직은 문제를 많이 일으켰고, 방해되는 것들이 있을 때가 그들 자신에게 최악의 적이 되었다.

리더의 역할

리더의 역할은 비전과 조직의 목표를 설정하는 것과 밀접한 관련이 있다는 것을 잘 알고 있다. 그리고 목표 달성을 위한 성공을 구조화하는 것도 포함된다. 비전과 목표는 계획, 재능, 지원, 의사결정 구조, 시간표, 의사소통 메커니즘 및 자본으로 전환되어야 한다. 궁극적으로 그것은 비전, 전략적 디자인, 관리와 업무흐름, 규정 등과 연결된 운영 구조, 조직 구조를 중심으로 운영 설계로 귀결된다. 목표 또는 비전을 향한 추진력을 창출하고 가속하기 위해 현재 상태에 대해 바꾸어야 할 사항을 알고 행동하는 것은 리더로서 필수적이다. 현재 상태를 변경하지 않으면 목표에 도달하지 못한다.

재시 빔 Jasie Beam 의 여섯 번째 요소

목적의식 있는 리더십의 5가지 핵심요소를 살펴보면 모든 리더가 이 요소들을 행동으로 실천하고 있다는 생각이 떠오른다. 이러한 요소의 실천이 없으면 훌륭한 리더라도 팀이나 프로젝트를 효과적으로 이끌어 가는 능력이 부족할 수 있다. 이 다섯 가지 핵심요소는 보편적이다. 학생 시절의 그룹 프로젝트에 대해 생각할 때 최고의 프로젝트에는 이러한 모든 요소를 구현한 리더가 있었다. 회사 관리자, 교사, 부모 또는 공동체 리더에 대해서도 마찬가지이다. 그래서 이 요소들은 넓게 적용될 수 있다.

나는 약 8,000명의 도시인 네브래스카주 게링 Gering 에서 영감을 받았는데 이 도시는 이웃 도시인 스캇스블러프로부터 지원을 받았다. 게링에는 많은 상가나 다른 경제적 부양 기회가 없으므로 모든 것이 갖추어져 있는 스캇스블러프에서 돈이 소비된다. 다른 도시로 돈이 유출될 때 게링의 경제, 학교, 도심지 등의 발전을 기대하기는 어렵다. 나는 게링을 너무나 사랑하기 때문에 이웃도시가 게링의 성장을 지원하는 방법이 아닌 다르게 성장하는 방법을 생각하고 싶었다. 그것은 단순히 게링에서 살고 싶어하는 것이 아니라 진정으로 경제적인 부양과 지원을 하기 위한 것이다. 게링에는 작은 상가와 식료품점이 몇 개 있지만 주민들이 무언가 필요할 때 스캇스블러프에 의존할 만큼 충분하지 않았다. 이것은 단순하게 게링을 최종 종착지로 만드는 프로젝트 이상의 큰 것으로서 게링의 주민들이 스캇스블러프로 가는 것 대신 게링에 머물 수 있도록 지원하지 않으면 안 되는 것이었다.

이 활성화에 대한 나의 원래 아이디어는 게링에 커피숍을 여는 것이었다. 현재 두 곳의 커피숍이 있지만 실제로는 공동체의 장소를 제공하는 것은 아니고 단지 커피숍 운영자들이 경험을 쌓는 것에 의미를 둔 곳이다. 그래서 나는 십대들이 방과 후에 들르거나 비즈니스 전문가가 회의나 점심을 먹을 수 있는 넓은 공간을 원했다. 십대들은 방과후에 할 일이 없기에 오후에 그들이 들러서 안전한 곳에서 시간을 보낼 수 있는 장소를 제공하길 원했다. 학생들이 커피를 마시는 것 이상으로 앉아 커피숍을 즐길 수 있도록 만들고 싶었다. 이것은 서비스를 통한 경제적 이익뿐만 아니라 학생들은 게링의 미래 주민이고 의사결정자들이기 때문에 그들에게 개발할 기회를 제공함으로써 지역사회에 장기적인 혜택을 줄 것이다.

커피숍에 대한 계획의 또 다른 주요 부분은 이벤트 공간이다. 현재 게링에는 이벤트 공간이 두 개뿐이다. 따라서 생일 파티, 졸업식, 결혼식 피로연 및 기타 축하 행사에는 옵션이 제한적이다. 현재의 이벤트 공간은 개성이 없는 방을 분리하여 활용하는 단순한 회의 공간과 비슷하다. 나의 이벤트 공간은 생일 파티와 같은 소규모 모임을 위한 기회와 개성있게 실제 공간을 활용할 기회를 제공할 것이다. 나는 커피숍에 대한 많은 아이디어를 가지고 즐겼다. 이러한 아이디어를 완전히 검증하지는 않았지만, 전문가가 임대할 수 있는 회의실, 결혼식과 생일 파티 등을 위한 행사 공간, 그리고 더 많은 시장 조사를 통해 시장을 평가하고 건물 및 기타 물류 정보가 가능한 위치를 찾고자 하였다.

신뢰, 존중, 공감, 추진력 및 비전이라는 이 중요한 특성들은 모두 목적의식이 있는 리더들의 다섯 가지 핵심요소에 구체화되어 있다. 내가 신뢰하지 않는 리더를 만나면, 기본적인 관계가 부족하기 때문에 그들의 비전을 돕는 데 전념하고 싶지 않을 것이다. 존중도 마찬가지이다. 존중이 부족하다면 관계에 대한 기초가 없는 것이다. 리더가 돌보지 않거나 공감이 없다는 것을 알고 있다면 헌신적인 구성원이 되는 것은 거의 불가능하다. 리더가 추진력이 없거나 업무를 그들만이 떠맡는다면, 그들에게 동기를 부여하기가 어렵다. 마지막으로, 비전이 없는 리더는 어디로 이끌고 있는지 알지 못하기 때문에 따르기가 어렵다. 이러한 모든 요소는 목적의식이 있는 리더의 5가지 핵심 요소에 포함되며 성공적인 리더는 이들을 소중히 여긴다.

리더들이 여러 가지 상황에서 자신을 표현할 수 있기 때문에 내가 존경하는 리더들을 몇 명 선택하는 것은 어렵다. 내 인생에서 가장 두드러진 리더는 부모님, 조부모, 그리고 네브라스카-링컨 대학의 멘토들이다. 부모님과 조부모님은 평생 신뢰와 존중을 쌓아 왔다. 그들을 존경하지 않는다는 것은 불가능하며, 그들은 내 인생의 모든 부분, 최고점과 최저점, 그리고 그사이의 모든 곳을 위해 존재했다. 그들은 모두 정확한 정의를 가지고 5가지 요소를 구현한다. 그들은 내가 목표를 향해 노력하도록 영감을 부여하며 모든 일에서 잘될 수 있도록 돕고, 항상 열정을 통해 일할 수 있게 한다. 그들은 나에게 미래를 상상하고 그 비전을 지지할 수 있는 자유를 주었고, 나의 업적을 축하하고 능력을 키울 힘과 용기를 준다. 네브라스카-링컨 대학교의 멘토들은 내가 전문가로 그리고 개인적으로 성장하도록 도왔다. "4년간 고등학교에 다닌 것보다 대학에서 1년 보내는 것이 더 많이 성장한다"라는 말이 있다. 학교에 다니는 동안 내가 만난 멘토들은 나의 모든 성장과 발전의 과정을 겪어 왔고 가장 생산적이고 개별적인 방법으로 나의 개발을 도왔다. 그들은 가족처럼 다섯 가지 요소를 모두 수용하여 확신을 가지고 리더십을 따를 수 있게 해주었다.

변화에는 시간이 걸리지만 가속화할 수 있다. 리더들은 자신의 약속과 적용결과를 성찰하여 자신들의 변화 에이전트가 되고 있다. 목적의식이 있는 리더들과 함께할수록 미래는 더 많이 펼쳐지고 증폭될 것이다.

사례연구
할리 데이비슨 Harley Davidson

목적의식 있는 리더십을 브랜드에 담을 수 있다. 오토바이를 생각할 때 어떤 브랜드가 업계 리더로 떠오르는가? 할리 데이비슨은 목적의식 있는 리더십과 어떤 관련이 있는가? 할리 데이비슨의 임원인 줄리 앤딩 Julie Anding은 다음과 같이 명시적으로 정의했다.

"이러한 리더십 모델은 문화적 상황과 함께하며, 리더십 용어들은 차별적 문화적 상황에서 다른 것을 의미할 수 있다. 사람들은 자신의 의미를 리더십 용어들과 연관시키기를 원한다. 할리 데이비슨은

150년의 역사를 가진 유산이다. 그리고 우리는 건강한 회사를 미래에 전하기 위해 노력하고 있다. 우리의 리더는 개인적으로 역사적인 유산을 가지고 있고 나는 그 유산의 일부가 되고 싶다. 그는 우리가 향하고 있는 향후 5~10년 동안 무대를 세우기 위해 노력하고 있다. 내가 생각하는 리더는 이야기에 아이디어를 불어 넣는데 정말 능숙하다.

사람을 모으는 데 능숙하기 때문에 우리가 어떤 일들을 더 잘 할 수 있도록 도움을 줄 수 있는 핵심적인 사람들로부터 의견을 구한다. 그는 이야기를 전개할 때 열정적이다. 활기차고 긍정적이며 무언가에 몰입하고 당신에게 영감을 불어 넣음으로써 할리 데이비슨을 더 좋아지게 만들며 이타적이고 열정적이다."

몰입은 특히 밀레니얼 세대에게 흥미롭다. 밀레니얼 세대가 참여하길 원하고 몰입한다는 느낌이 든다. 리더가 있는 것이 중요하다. 몰입하고 성취하기 위해, 다른 세대들과 함께 참여하기 위해서는 능숙함과 스킬을 가져야 하는데 이것은 재능에 따라 모든 인재들에게 동일한 것은 아니다.

할리 데이비슨은 우리가 끊임없이 듣는 회사 중 하나이다. 항상 성공적으로 변화를 추진하며 조직문화를 지속해서 변화시킨다. 지속적인 개선은 리더들의 효과성과 질적인 향상에 대한 증거이다. 커다란 비전과 목표를 정립하고, 사람들을 몰입하게 하며, 혁신하고, 성공을 만들기 위한 일들을 구조화하기 위한 새로운 방법을 찾는다. 이 회사는 150년 이상 되었지만 신선하고 현대적이다. 리더십은 과거를 존중하고 미래를 주시하며 현재에 집중할 수 있는 독특한 능력을 갖는다.

성취 Achieve

Q 일을 끝내는 데 있어 '유력한 용의자'는 누구인가? 누구를 간과하고 있는가?

Q 당신의 '팀'을 효과적으로 운영하기 위한 당신의 요구는 어떠한가?

Q 당신이 당신 구성원들의 능력보다 뛰어나다고 믿고 있고, 당신만이 일을 끝내는 방법을 알고 있다고 믿는가?

Q 시간, 투자, 자원 또는 무언가를 달성하는 데 직면하는 어려움을 과소평가하거나 지나치게 단순화한 적이 있는가? 왜 이렇게 생각하는가?

Q 목표를 중심으로 사람들을 조직하는 데 효과적으로 리더를 멘토링하는 방법은 무엇인가?

Q 조직에서 작동하는 것과 그렇지 않은 것을 평가하는 방법은 무엇인가?

Q '안전하게' 일하는 것을 좋아하는가? 자신이 하는 일을 성취할 가능성이 큰일을 찾는가? 아니면, 도전적이고, 흥미롭고, 성장 지향적이고, 위험한 일을 찾고 있는가?

Q 당신은 훌륭하게 협업하는 사람으로 알려져 있는가?

9장

권력 또는 목적
항상 차이를 알아야 한다!

....

큰 권력을 가진 사람들은 그것을 가볍게 사용해야 한다.

− 소 세네카 Seneca the Younger

권력의 빛 또는 그림자

리더십의 가장 내재적이고 지배적인 신조는 위계, 권력, 영향력 및 권위라는 아이디어에 뿌리를 두고 있다. 이 신조에 따르면 리더는 일을 어떻게 수행해야 하는지 잘 알고 있는 역량 있는 전문가라고 할 수 있다. 또한, 리더는 리더가 이끄는 조직에서 가장 똑똑한 사람이라고 가정한다. 모델 대부분에서 리더의 힘은 조직에서 자신의 직무 역할과 수준에서 비롯되며 피라미드 꼭대기에 있는 개인에서 비롯된다. 이 특성으로 인해 리더십에 관한 두려움을 갖게 되는 것은 당연하다.

우리가 리더십 역할을 할 때 모두 이 신조를 받아들이는 것은 아니다. 새로운 리더십 역할을 수행할 때 성취하고자 하는 욕구가 너무 강한 나머지 우연히 이 가정에 빠지게 된다. 느린 의사결정 때문에 또는 지도하기 어려워 좌절할 때 우리는 지름길을 택할지도 모른다. 이 신조를 믿지 않는 사람들에게는 계층적 리더십과 결합한 비전 지향적, 목표 지향적, 원칙적 리더십의 혼합이 긍정적 결과를 보장한다.

권력은 행동을 취할 수 있는 능력이다. 권력은 리더가 필요한 권한 또는 사람들, 정보, 자금, 자금을 조성하기 위한 의사결정, 투자, 사람을 채용하고, 해고하고, 예 또는 아니요 라고 말할 수 있는 권한들을 가지는 것을 의미한다. 많은 면에서 '권력 power'은 명확한 용어가 아니다. 이 개념은 혼란스럽고 모호하며 다소 복잡하고 사람들에게 다른 의미를 내포한다. 나의 멘토는 권력을 "미래를 다른 방향으로 전환할 수 있는 능력 the ability to poke the future in a different direction"으로 정의했다. 그를 통해서 나는 기존에 가지고 있었던 권력에 대한 부정적인 인식을 편안하게 받아들일 수 있는 단어로 바꾸었다.

수년에 걸쳐 권력은 긍정적이거나 부정적이거나 선하거나 악하지도 않다는 것을 배웠다. 권력 자체가 아니라 권력이 사용되는 방식에 있어 좋고 나쁨이 있다. 권력이 윤리적으로 공정하게 사용될 때 좋은 것으로 보일 수 있다. 물론 리더들이 무언가를 개선할 힘이 있고 어떤 이유에서든 그 권력을 가질 때, 또 다른 권력이 나오게 된다.

어떤 조직에서도 권력은 리더들에게 중요한 도구 중의 하나라는 것에 대해서는 논의의 여지가 없다. 리더들은 자신의 권력을 인식하고, 효과적이고 윤리적으로 사용하는 방법을 알고, 그들의 긍정적인 영향을 이해하고 부정적인 영향을 줄여야 한다. 권력은 추상적인 개념이지만, 리더들은 결정에 있어 그것을 현실적이고 실질적인 것으로 만들 수 있다. 아마도 더 추상적인 것은 권력을 분배한다는 아이디어일 것이다. 권력은 계층, 지역, 비즈니스, 기능 및 사람들에게 분배될 수 있다. 권력은 지위 권력, 전문적 권력, 관계 권력, 정보 권력, 준거적 권력, 강압적 권력 및 보상 권력 등 여러 출처로부터 올 수 있다.

권력의 행사는 리더들에게 다음과 같은 3가지 딜레마를 제시한다. 나는 권력과 권한을 사용하는가? 아니면 내 개인적인 영향력을 사용하는가? 비전을 만들고 사람들을 참여시키는가? 대부분의 리더가 모든 도구를 사용하기를 원하기 때문에 이것이 잘못된 딜레마처럼 보일 수도 있지만, 이 딜레마는 다른 도전, 과제 및 잠재적으로 다른 결과를 나타낸다. 이러한 차이점은 이해관계자들이 리더의 피드백에 반응하고 다가가느냐에 따른 결과이다. 세 가지 딜레마, 각각에 내재된 의미를 살펴보면 다음을 도출할 수 있다.

- 권력과 권한은 규정을 준수할 수 있다.
- 영향력은 협력에 영향을 줄 수 있다.
- 비전지향의 목적의식 있는 리더십은 몰입을 가져올 수 있다.

리더들은 회사의 문화, 의문이 있는 개인, 그리고 그들 앞에 있는 과제에 기반하여 실행방법을 선택할 필요가 있다. 우리의 연구에 따르면 리더십은 상호 관계이다. 리더들은 이해관계자에게 영향을 미친다. 이해관계자는 몰입하고 리더에게 영향을 미친다. 피드백의 순환을 통하여 지속적인 리더십 선순환 주기를 만든다. 비전에 기반한 목적의식 있는 리더십은 강력하다. 목적의식 있는 리더십은 실제로 당신이 때로는 리더이고 때로는 구성원이라는 것을 의미한다. 즉, 일을 끝내는 힘은 관계와 순환고리에 있다. 당신은 공유된 비전과 목표들을 통하여 리더들의 결속을 만들 수 있을 때 다른 방향으로 미래에 다가갈 수 있는 능력을 만들 수 있다.

제임스는 권력을 관리하는 방법을 배우고 있다. 그의 경력 단계에서, 그는 약간의 이중 성격을 가진다. 그의 충성 어린 팀 리더들은 그가 권력을 주의 깊게 공유하고 목적 지향적인 접근을 한다는 것이다. 나머지 리더들은 그가 권위적인 리더라고 한다. 그는 자기동료들과 함께 시간을 내어 대화를 나누는데 주의를 기울인다. 다시 말해, 영향력을 발휘하려고 한다. 시간 낭비이고 실망스럽기도 하고 항상 통하지는 않는다. 그것은 패턴 또는 스타일이며 단지 인지하면서 변화를 시도하고 있다. 매일 동료나 다른 사람들과 차별화 하기 위해 자신의 본능과 싸운다. 그 노력이 다른 사람들과 함께 결과를 얻지 못한다고 느낄 때 끊임없이 좌절하고 몰입하지 못한다. 그의 좌절은 그를 '전문 수학자 expert mathematician' 모드로 끌어들이고 종종 관계를 더 나쁘게 만든다. 자신의 믿음을 가지고, 그는 자신의 권력이 세상에 어떤 영향을 미치는지 보고, 노력하고 있다.

프리야는 비유, 은유와 이야기 줄거리를 가지고 말하는 비전과 에너지 그 자체이다. 그녀의 따뜻함과 에너지는 뛰어난 재능이 있는 엔지니어와 건축가의 앙상블과 함께 온다. 그녀는 영감을 주는 건물을 만들고 싶은 고객을 선택하고 팀이 '위대한 일을 더 잘하게 하는 것'에 더 많은 가치를 가져올 수 있도록 장려한다. 자기 팀원들과 함께 고객 프로젝트를 수행할 때 좀처럼 그녀의 권한을 내려놓지 않는다. 물론 조직적으로 그녀는 그녀가 조직이 비즈니스의 진행을 방해하고 있다는 것을 인지하면 그녀의 권한과 영향력을 내려놓는다. 그리고 우리는 이미 그녀가 반발에 대처해야 한다는 것을 알고 있다.

제인은 그녀의 권력을 행사하는 데 있어 약간의 의문을 가지고 있다. 그녀는 자신의 전문가 권력을 굉장히 과용하며 편견과 괴롭힘과 관련된 조직의 문제를 다루는 전형적인 결단력 있는 리더였다. 그녀는 공정하고 공평하며 동정심이 많지만 권한을 위임할 때 불분명하며 권한을 위임한 이후라도 그 사람의 결정을 무시하기도 한다. 그녀의 비전은 콜센터 운영의 기술적 측면에서 전문적이고 명확하지만, 조직을 관리하는 데 있어 불명확하고 임시적이다.

권력은 복잡한 주제다. 소설가, 시나리오 작가, 극작가 및 학자들이 수세기 동안 끝없이 글을 썼지만 여전히 신비롭고 알 수 없는 상태로 남아 있다. 특히 알 수 없는 것은 실제로 우리가 권력을 가지고 있을 때 우리 각자가 권력을 행사하는 방법이다. 우리는 어떻게 자신을 다루는가? 명백한 유혹에 굴복할 것인가? 진부한 리더가 될 것인가? 우리들 각자가 권력을 행사하는 방법을 어떻게 정리할 것인가? 권력에 대한 실험이 얼마나 리더십의 미스터리를 가져다줄 것인가? 유혹이 자발적으로 그러나 체계적으로 우리에게 도전하는 순간을 우리는 다룰 수 있는가? 미래를 어떻게 펼칠 것인가?

대런 맥듀 Darren W. McDew 장군

맥듀 장군은 미국 공군 사령관으로 2015년부터 2018년 일리노이 주의 공군기지에서 국방부의 전 세계 항공, 육상 및 해상 운송 관리 담당이었다. 그는 자기 인식, 개인 개발 및 혁신에 대한 끊임없는 식견을 가진 리더십 철학으로 유명하다. 통찰력을 공유하면서 다음과 같이 언급한다.

"일단 제복을 입으면 리더가 된다. 민간 부문에서도 마찬가지이다. 때때로 우리는 군대가 허락되고 통제되는 사람들 간에 강한 경계가 있는 하나의 조직이라는 것을 잊어버린다. 당신이 군대의 세계로 건너오면, 이질적인 환경에 처한다. 이것은 당신이 처음부터 시작해야만 하는 것을 의미하고 각 리더십의 단계를 사람들과 함께 해야 한다. 군대의 리더십은 대부분 사람에 관한 것이고 사람들에게 영감을 불어 넣는 능력이다. 가장 큰 어려움 중 하나는 모호성이다. 부정확한 데이터를 가지고 자신의 경험을 바탕으로 결정을 내려야 한다. 모호함이 가장 큰 것은 위험과 그것에 대해 생각하는 사람들을 이해하는 것이다. 모호함으로 인해 상황을 마비시킬 수 없다. 나는 위험과 나의 경험을 바탕으로 의사결정을 할 것이다.

나의 경력을 통하여 배운 가장 중요한 리더십 교훈은 다양한 과제, 학습, 독서, 내가 누구인지를 아는 것을 통해 더 많이 알게 되었다는 것이다. 나는 경청하며 말하지 않는 사람들에게 주의를 기울인다. 누군가의 버튼을 누르는 것의 유형에 대해 더 알고 있다. 당신이 누구인지를 인지하지 못할 때 당신은 잘 모르는 일들 때문에 부끄러워한다. 예를 들면, 나는 토목 기사이고, 운영 리더이다. 이 공간에 있는 사람들은 사실 분석 결과와 같다. 덜 개인적이다. 그래서 나 자신에게 개인적일 것을 강요하며 사람들에게 감사의 대화로 시작하고 끝낸다. 사실 이런 행동을 하는 것이 자연스럽지는 않지만, 내게 필요하다는 것을 알고 있다.

[Linkage]가 수행한 작업, 특히 5가지 핵심요소와 그 여정은 놀랍다. 나에게 성취는 내 조타실에 잘 맞는다. 가장 편안한 곳이다. 그러나 당신이 영감을 부여하거나 몰입하지 않으면 어느 곳으로도 갈 수 없다. 그런 다음 혁신과 성취가 흘러나온다.

나는 사람들에게 영감을 주고 집중한다. 1년을 썬마이크로시스템 Sun Microsystems에서, 2년 동안 백악관에서, 그 후 2년 동안 상원에서 보냈다. 영감을 부여하는 방법에 대한 지식과 영감을 얻어야만 한다는 사실은 민간 부문에 존재하지 않는다. 군대의 구조와 단계는 우리가 명령을 설정한 것처럼 더 쉽고 거칠게 영감을 주고 몰입하도록 한다. 군대와 민간 부문에서 상위 10%의 수행자들은 훈련이 회사 환경보다 군대에서 더 큰 영향을 미친다고 믿고 있으며, 그 훈련 수준은 큰 차이가 있다. 우리는 모든 사람을 리더로 인정하고 훈련은 첫날부터 강하게 연결되어 있다.

장교가 승진할 때 가장 중요한 요소는 무엇인가? 보편적으로, 과거의 성과를 미래의 잠재력에 대한 측정기준으로 보는 경향이 있다. 다음으로, 우리가 파견한 학교뿐만 아니라 과제와 방법을 고려한다. 그 과정에서 동료보다 과제를 더 잘 수행하는 사람을 보고 성과가 더 우수한 사람을 추천할 수 있다.

나의 승진은 순전히 성과 기반이었다. 인생에서 특정 직장에 지원한 적이 없다. 단순히 국방부의 책상에 앉아 백악관에 빈자리가 있는 것을 보았다. 채용 관리자는 5명에서 6명의 후보를 완벽하게 알고 지원하도록 지시했고 이는 전 상사에 의해 지명되었다. 백악관에서 일하면서 나는 지위권력 없이 영향력을 통해 일을 끝내는 방법을 배웠다. 모든 사람에게 잘 대하면 잘 된다. 그것이 통하였다."

목적의식이 있는 리더들은 비전, 목표 및 계획을 활용한다. 그들은 영감을 불어 넣고, 몰입하고, 다른 사람들이 그들의 아이디어와 재능을 기여하도록 돕고, 계기를 얻기 위해 현 상태를 깨뜨리도록 사람들을 격려하고 지원하며, 적합한 사람들을 적절하게 조합한다.

권력 Power

Q 현재 역할에서 자신의 권력을 정의해보자. 상급자로부터 허락을 받지 않고 어떤 결정을 내릴 수 있는가(이것은 통보하는 것과 다르다)?

Q 실행한 리더십을 되돌아보았을 때, 가장 긍정적인 '권력' 관행은 무엇이었는가?

Q 권력을 사용하는 데 가장 부정적인 경험은 무엇인가?

Q 이전의 부하직원 중 5~7명을 인터뷰할 경우 당신이 리더로서 권력을 행사하는 방법을 설명하기 위해 그들이 사용한 단어 3가지는 무엇인가?

Q 왜 고취, 권한 부여 및 포용 등과 같은 긍정적이고 목적의식 있는 리더십 실천과는 반대로 권력으로 되돌아갈 수 있을지도 모른다고 생각하는가?

PART
6
성장하다
BECOME

10장

목적으로 이끌기
: 모두 함께 모으기

위대한 리더들은 적응력, 공유된 의미를 통해 다른 사람들을
몰입시키는 능력, 독특한 목소리, 흔들리지 않는 성실함 등 리더십의
핵심적인 네 가지 기본 특성을 보여준다.
이 네 가지 특성은 나이, 성별, 민족 또는 인종과 관계없이
모든 모범적인 리더를 나타낸다.

– 워렌 베니스 Warren Bennis , 리더십 전문가

핵심요소 : 성장하다
결단, 공감, 자기 인식 및 용기로 성장하라.

이 책을 통해서, 우리는 리더들이 해야 할 핵심요소를 명확히 하고,
탐구하고 그들의 비전과 목표를 가지고 성공하기 위해 노력하여 왔음

을 알았다. 그러나 리더십은 일방통행이 아니다. 리더들은 직접 지시하거나, 요구하지 않는다. 오늘날의 리더들은 이해관계자들과 함께 양방향의 길을 만들고, 기대감과 기여, 그리고 이해관계자들과의 순환고리 feedback loop 를 만든다. 적절한 관리와 대화를 통해, 이러한 순환고리는 고객 충성도, 제품 품질, 수익성, 직원 몰입, 공동체 참여, 산업 존중 및 마을, 도시, 주 또는 지역에 대한 경제적 기여와 같은 많은 선한 일들을 만들어낸다. 내가 직접 관찰할 수 있었던 최초의 리더 중 한 명인 윌리엄 J 오브라이언은 "리더들은 무엇보다도 그들이 배우는 것을 받아들이고 적용하는 능력이 있다. 그들은 무엇보다도, 구성원들에게 그들의 게임을 향상하기 위해 도전하고, 구성원들은 리더들에게 그들의 게임을 향상하기 위해 도전하는 강화 루프를 만든다. 그리고 올바른 결과를 만들어낸다." 그러나 그는 또한 리더들이 올바른 결과를 만들고 싶어 할 필요가 있다고 말할 것이다. "인적자본이 금융자본을 주도한다 Human capital drives financial capital "라고 그는 확신했고, "그 반대는 아니다"라고 말했다.

내가 그를 통하여 실제로 배울 수 있었던 것들을 돌이켜 생각해보면, 그가 가르쳐준 것은 첫째, 무엇보다도 올바른 목표에 대한 것이다. 둘째, 그것은 선순환을 강화하거나 형성하는 순환고리에 관한 것이다. 셋째, 그것은 선순환을 축적하는 것에 관한 것이다. 넷째, 그것은 인간애에 관한 것이다. 이 모든 것을 밑바탕에 두고, 나는 그로부터 리더십을 배웠는데, 무엇보다도 자신이 소중하게 여기는 것, 생각하는 것, 그리고 그다음에 하는 일에 대한 변화였다. 그는 "리더십은 마음의 전환, 인성의 전환, 그리고 평생의 여정"이라고 말하곤 하였다. 그리고 다른 사람들을 고취, 몰입, 혁신, 성취하도록 하기 위한 배움의 여정이 있지만, '성장 become'하기 위한 배움의 더 깊은 여정이 있다.

따라서 당신이 소규모 공동체, 비영리 조직, 대규모 회사 또는 어떤 종류의 기관에서 변화를 만들려고 하는 사람이거나 간에, 우리는 인간 중심의 4가지 관행을 발견했다. 그것은 목적의식이 있는 리더로 성장하는 핵심이다. 그것은 다음과 같다.

- 자기인식 Self awareness. 사람, 팀 및 조직과 협력할 때 자신을 이해하고 활용할 수 있는 능력.
- 존경 Respect. 사람들의 재능, 감정 및 관심사에 중점을 두어 다른 사람에게서 최고의 것을 끌어내는 능력. 무엇보다도 모든 개인에 대한 깊은 존중이다.
- 용기 Courage. 위험과 관계없이 자신과 가치를 보여주고, 진실을 말하고, 당신의 비전에 담대한 의지. 수백 명의 리더십 전문가들이 말했듯이 용기는 두려움과 굴욕에도, 또는 가족에게 배척당할 가능성 또는 재정적 위험에도 불구하고 기꺼이 행동하는 것이다. 조셉 캠벨은 이렇게 기록했다. "당신이 들어가는 것을 두려워하는 동굴 안에 당신이 찾고자 하는 보물이 있다."
- 헌신 Commitment. 성공을 위해 일하는 동안 갖는 높은 개인적 책임감, 노력, 결단력 및 개인적인 숙련의 의미. 헌신은 역할 모델 role model 에 관한 것이다. 궁극적으로, 헌신은 큰 목표를 달성하는 데 필요한 집중력과 적응력에 관한 것이다.

우리가 철학적으로 결정한 리더들은 정중하고 용기 있고 자기 인식적이며 헌신해야 한다고 결정한 것은 아니다. 이것은 리더와 리더십에 대한 우리의 단순한 결정이 아니다. 고취 다음으로 본 연구에서 가장 효과적인 평가를 받은 리더들은 '성장하다 become'의 상기 4가지 관행에서 가장 높은 점수를 얻었다. 리더, 리더십 전문가 및 리더십 개발 전문가와의 인터뷰 데이터를 정리할 때 공통적으로 언급되는 주요 주제는 리더들은 꾸준히 쉬운 길보다 더 어려운 길을 택한다는 것이었다. 리더는 자제력과 포용력을 갖췄으며 다른 사람들에게 연민을 느끼고 존경받는 사람이다. 지위나 입장과 관계없이 모든 사람을 특별하게 대하며 그들에게 주의를 기울인다. 리더들은 다른 사람들과 관계를 맺을 때 그들과 그들의 질문을 진지하게 받아들인 사람들이었다.

그들은 거의 모든 상황에 더 잘 적응한 사람들이었다. 힘든 회의, 2~3명의 동료 간 갈등, 기능 장애를 겪는 팀 또는 변화가 필요한 비즈니스에 상관없이 리더들은 더 나은 결과를 얻었다. 리더는 자신이 알고 있는 것을 긍정적이고 영감을 불어넣는 방식으로 도전과제에 적용할수 있는 능력을 가지고 있다. 또한 구성원들이 리더들에 대해 기대하는 것 중 하나는 단순하다는 것이다. 우리는 리더들이 좋은 사람이 되기를 원한다. 매일 해결해야 할 모든 어려움과 도전에도 불구하고, 한마디로 정의할 수는 없지만 독특한 방식으로 자신과 이해관계자들의 하는 일에 기쁨을 가져다주길 원한다.

리더로서 자신이 누구인지, 누가 자신을 움직이고 동기를 부여하는지, 세상과 어떻게 상호 작용하는지, 무엇을 느끼는가가 중요하다기보다는 리더십을 발휘하는 리더가 된다는 것처럼 더 좋은 메시지는 없다. 그것은 언제나 목표 달성을 위해 노력하고 있다는 것의 증거다. 리더들은 자신이 누구인지와 비전을 신뢰할 수 있도록 정체성과 존재감을 가져야 한다. 그것이 자신의 내면으로부터 나와야만 하고, 만약 그렇게 된다면 그것은 '발산 radiate'할 것이다. 다시 말해, "자신의 영감을 발산하라 Radiate your inspiration !"

몇 달 전에 한 엔지니어링 회사의 리더 그룹에게 목적의식 있는 리더십을 설명하였다. 설명이 끝나고 질의응답 시간에, 한 엔지니어가 나에게 말했다 나는 그것을 완벽하게 적어 두어야 했다. "성공의 축으로 지나치게 최적화하면 우리가 노력하는 것들이 부정적으로 영향을 미치고, 영감을 주는 리더가 되기 위해 지나치게 최적화하면 성공 확률이 더 높아질 것인가?" 방 안이 웃음으로 가득 찼다.

"그렇다. 본인의 정체성과 목적이 정말로 좋다고 느낀다면 다른 사람들에게 영향을 미치고 그들의 내부 자원을 쌓아 올리며 선순환적인 축적된 성과를 만들어 낼 것이다. 리더가 하는 일은 이해관계자들에게 미래에 관한 이야기와 행동을 불러일으키는 관계를 제공하는 것이다. 리더가 하는 일은 사람들에게 어렵지만, 우리가 함께 더 나아질 수 있다고 긍정적으로 말하는 것이다."

리더십 학습

제임스는 영감을 주는 리더가 되기 위한 생각을 받아들이는데 느린 편이지만 정직하고 다소 냉소적이었다. 그는 재무적 결과에 가장 큰 동기를 부여받았으며 때로는 돈 버는 데만 관심이 있다는 인상을 주었다. 실제로 자신의 조직이 하는 일에 감정적으로 연결되어 있지 않은 것으로 인식되었고 순수한 야망이 있는 사람으로 인식되었지만 동시에 잠재력이 높은 리더로 여겨졌다. 그러나 그의 조직은 회사의 평균 이직률보다 높았다. 제임스는 여전히 자신을 믿고 핵심 마케팅 대상 그룹을 구축하고 유지했다. 사람들, 특히 조직의 경영진은 마케팅에 대한 그의 견해에 동의하고, 성과에 기여할 수 있는 탄탄한 팀을 구성할 수 있는 능력을 보았고, 함께 만들어 낸 혁신에 감사하고, 성과를 창출한 트렌드에 만족했다. 그리고 표면적으로 나타난 모습에도 불구하고, 그들이 본 것은 좋은 판단력을 가진 사람, 실제로 이기적인 인상을 주지 않은 사람, 용기를 내어 자신의 구성원을 위해 올바른 일을 하기 위해 용기를 낸 사람, 매우 높은 탄력성으로 어려움을 겪는 사람, 그리고 회사를 개선하는 마케팅 조직을 구축한 사람들을 다루는 사람이었다. 그가 보여준 것이 외적으로는 딱딱한 인상이었지만, 조직의 많은 사람이 그의 친절함과 관대함을 이야기할 수 있었다. 그는 이 때문에 내성적인 사람으로 종종 잘못 알려졌지만, 조직에서 자신감 있고 신뢰도 높은 리더였다. 현재 그의 조직은 그가 마케팅의 잠재력을 완전히 개발하기를 원한다.

프리야는 진정으로 건축 산업을 어떻게 해야 하는지에 대한 그녀의 신념을 통해 힘을 가지게 된 사람이다. 그녀는 사람과 회사가 건축 하도급자들을 좋아하지 않는 이유를 분명히 이해했다. 고객 기대치보다 실적이 저조한 업종에 속한다는 것을 이해했는데 그 기대치는 처음에는 그다지 높지 않았다.

그녀는 행동하라는 고객의 요구사항을 이해했으며 수년간 엔지니어링 및 비즈니스 전문 지식을 구축하여 성공했다. 업계 전체에 관계 네트워크를 구축했으며 프로젝트에 적합한 사람들을 쉽게 모을 수 있었다. 또한 사람들과 단체를 조정하여 그들의 기여도를 높일 수 있도록 하는 데 능숙했다. 규칙을 알고 다른 사람들이 예산에 대해 불가능하거나 불가능하다고 느꼈던 프로젝트를 수행하기 위해 혁신적인 방법으로 규칙을 재구성하고 재작업할 수 있는 누군가의 역할 모델이었다. 그녀는 또한 그녀가 역사적으로 남자의 세계에서, 살아남아 있는 소수의 여성이었다는 것을 이해했다. 여러 가지 면에서 프리야는 조직 내부에서보다 조직 외부에서 더 많은 인정을 받고 있음을 알았다. 일반 남성 리더들과 비교했을 때, 비즈니스와 고객에 정통하고 뛰어난 자격을 갖춘 엔지니어이며 채용한 사람들은 프로젝트에 매우 소중한 기여를 할 수 있었다. 세세한 부분에 집중하였지만 다른 사람만큼이나 큰 그림을 볼 수 있었다. 대부분 프리야가 함께 했던 것은 사람들에 대한 사랑이었다. 고객을 만나고, 행사에 가고, 다른 동문 모임에서 연설하고, 회사의 행사에 참여하고, 조직 내 젊은 인재를 멘토링하는 것을 좋아했다. 이런 일들을 하는 것은 그녀에게 진정한 기쁨이었다.

그런데도 프리야는 회사가 그녀에게 '바보같이 멍청한 일'을 하도록 했을 때, 또는 특정 부문이 전체 조직에 대한 규정과 규칙을 수립했는데 그 부문의 사람들에게만 혜택이 돌아갈 때 똑같이 좌절을 느꼈다. 어떤 집단은 멍청한 관료주의에 맞서 싸우는 그녀의 '용기courage'를 좋아했지만, 그녀가 장기적인 가치를 볼 수 없는 단기 지향적인 사람이라고 믿고 그녀를 지지하지 않았다.

경영진, 특히 CEO는 다행히도 프리야를 다르게 보았다. 그녀의 조직은 여성 엔지니어를 유치하는 데 비정상적으로 성공했다. 조직 내 여성들은 그녀를 용기있는 챔피언으로 본다. 이러한 면을 그녀의 CEO도 간과하지 않았다. 회사의 최고경영자들은 그녀를 프로젝트 리더로 요청했다. 그녀는 자신이 속한 산업 협회에서 큰 명성을 얻었으며 일을 함께한 시청 공무원들은 그녀를 크게 칭찬하였다.

프리야가 조직에서 많은 소음을 발생시키는 일을 좀 더 자각할 수 있는가? 특정 조직 문제를 처리하는 방식에서 조금 더 성숙할 수 있는가? 승진을 통해 개발 니즈를 가속화할 수 있는가? CEO가 그녀와 더 많은 시간을 할애하고 이러한 행동 중 일부를 개선할 수 있는가? CEO는 분명히 그녀가 이 모든 것들을 할 수 있다고 보았다.

제인은 좋은 성장 궤도를 가진 핵심인재이다. 그녀는 따뜻하고 겸손하며 사회적인 사람이다. 콜센터 관리에 대한 그녀의 전문성은 타의 추종을 불허한다. 그러나 그녀를 잘 아는 모든 사람은 그녀가 또한 약간 '우스꽝스런 hot mess' 사람이라는 것을 알고 있다. 자신이 하는 모든 일에 엄청난 지적 능력과 전문 지식을 제공하지만, 정돈되지 못하고, 시간을 잘 인식하지 못하며, 특정 유형에 믿을 수 없을 정도로 반응하기도 한다. 그녀는 회의에 참여하여 특정 문제를 체계적이고 날카로운 지성으로 볼 수도 있기 때문에 수수께끼 같은 사람이다. 그녀가 문제에 깊이 파고들면 가혹하고 무관심하고 심지어 무례한 것으로 인식될 수 있는 경우가 있다.

제인은 자신이 사람을 다치게 하거나 조직의 모든 사람에게 약간의 고통을 주었음을 알게 되면 고치려고 노력하지만 때때로 그녀는 그것을 잘 알아차리지 못한다. 제인은 영웅과 반응성의 대가에 대해 확실히 배웠지만, 아직 100%는 아니다. 그녀의 조직에서 제인은 다른 여성들에게 영웅이자 챔피언으로 여겨진다.

제인의 정체성은 콜센터의 전문 지식으로 귀결된다. 수준을 높이고 진정한 은행가가 되어 더 큰 조직의 모든 것을 받아들이는 것이 무엇인지 경영진이 궁금해하는 시점까지 와 있다. 경영진은 그녀를 전체 조직위원회에 배치하고 다른 사업 부분에 있는 젊은 리더를 대상으로 멘토 역할을 하도록 하여 그녀를 참여시키고 있다. 장기적으로 그들은 그녀를 조직 최고운영책임자 COO의 잠재적인 후계자로 본다. 아마도 현재 COO는 아니지만 장래에는 그 자리에 있을 것이다. 이를 위해서는 비즈니스 지향적 사고와 커뮤니케이션 능력을 배양해야 한다. 마찬가지로, 그녀는 체계적으로 다른 사람들로부터 더 긍정적인 태도를 끌어내는 데 능숙해져야 한다. "제인에게 집중하는 것은 그녀의 전반적인 학습 민첩성이다. 상당히 많은 지적 능력을 갖추고 있으며, 우리는 그녀가 스스로 그것을 활용할 수 있기를 바란다. 아직 젊기 때문에 그녀를 도울 긴 활주로가 있다. 그녀는 우리의 최고 성과 창출 잠재력을 가진 리더 중 한 명이다."

윤리적 의사결정

아마도 세 리더 모두 특히 강한 것으로 보이는 영역 중 하나는 윤리이다. 세 리더 모두 공정한 판단력을 가진 것으로 유명하다. 각각의 강점과 약점이 있지만, 윤리에 관한 이야기는 올바른 방향으로 진행된다. 그들은 진실을 말하는 사람으로 알려져 있다. 그들은 모두 자신의 세계의 현실을 보고 그들 세계의 현재 상태를 정확하고 객관적이며 공정하게 묘사하는 과정에서 자신의 실수를 똑같이 지적하는 강력한 능력을 갖추고 있다.

프리야는 때때로 그녀의 이기심으로 약간의 어려움을 겪지만, 제인과 제임스는 아침에 출근할 때 이기심을 자제하는 것으로 알려져 있다. 세 사람 모두 자신을 포함하여 자기 이익이 작용하지 않도록 의사결정을 할 때 이해상충을 다루고 사람들과 협력하는 데 핵심적인 원칙을 가지고 있다.

이제 제임스는 목적 중심의 결정으로 어려움을 겪지만, 일반적으로 훌륭한 역할 모델이자 훌륭한 리더십 문화를 구축했다. 때때로 제임스 조직 내의 '남자 동기 모임'에는 약간의 어려움이 있지만, 이러한 문제를 알게 되면 일반적으로 잘 해결한다. 불행하게도, 제임스는 그들이 그 모임을 결성하기 전에 여전히 그것을 볼 수 있는 법을 배우고 있다. 물론, 그는 때때로 그의 권력에서 벗어나 사람들이 해야 할 일을 지시하면서 리더십을 발휘하기도 한다.

반면 제인은 리더십 문화 leadership culture 로 힘들어 할 수 있다. 그녀는 핵심 윤리에 중점을 둔 콜센터를 위한 강력한 고객 교육 프로그램을 만들었다. 제인 자신은 자신의 결정을 내리는 방법에 있어 공정성에 대해 탁월한 역할 모델이다. 그녀는 이것을 전체 조직으로 확장하는 데 어려움을 겪고 있다.

특히 프리야는 여성 및 다양한 사람들의 탁월한 챔피언이었다. 그녀는 조직 전체에서 재능있는 개인을 멘토링하고 후원하며 기회와 능력이 있을 때 조직으로 그들을 데려오기도 한다. 동료들의 자극과 좌절에 대해 그녀는 자신이 운영하는 조직에 불공평과 편견이 작용하는 것을 볼 때 진실을 말해주는 사람이다. 결과적으로 특정 배치와 승진 문제에 있어 인사부문과 다른 판단과 편견으로 인한 갈등을 야기하기도 했다. 최고경영자는 그녀의 용기와 신념에 박수를 보내고 다양한 도전적인 문제에 접근하는 방법을 배우는 것을 인정한다.

제임스는 자신의 방식으로 끊임없이 훌륭한 인재를 찾고 있으며 나쁜 리더들을 빠르게 찾아내고 있다. 사람들에 대한 그의 결정은 객관적이고 그가 그들을 찾아서 활용하는 측면에 중점을 둔다. 그는 그것을 능력주의라고 부르지는 않았지만, 실제로 다양한 특성과 평균에 상관없이 재능의 발전이 다양성과 관계없이 빠르게 뿌리 내리는 마케팅 조직을 만들었다. 그는 책임이 커지면서 어려움을 겪을 수 있지만 재능 있는 개인에게는 많은 책임과 권한을 부여한다. 그의 현재 조직 구성원의 70%가 여성이며, 그의 직속 팀장의 65%는 남성이다.

그는 리더를 개발하는데 사용된 기존의 방법에 대해 어려움을 겪고 있다. 시간과 역할의 증대, 다양성으로는 리더를 충분히 빨리 양성하지 못하여 때로는 재능이 없는 역할과 책임에 그의 에너지를 쏟아부어야 한다. 제임스는 자신의 '죽기 아니면 살기 sink-or-swim' 방법이 성공적이라고 생각하지만 인사부문에서는 그렇지 않다고 생각한다.

제인은 효과적인 리더십 문화를 구축하는 데 어려움을 겪고 있다. 그녀는 거의 항상 하는 것처럼 옳은 일을 하기 위해 조직의 영웅들에게 의지한다. 그녀가 인수한 조직은 성차별에 시달렸고 나머지 은행들보다 4배의 괴롭힘 소송이 있었다. 그런 상황을 돕지 않은 것으로 보고한 많은 리더가 있었으며, 친구나 생산적인 근로자들이 만들어내는 문제에 대해 침묵을 유지했다.

제인이 인수했을 때 콜센터의 수는 100명 미만이었다. 그러나 그녀는 조직을 평가하면서 많은 권력 남용 사례를 발견했다. 그 후 다수의 인수를 통해 제인은 더 재능 있고 공정한 리더를 찾아 승진시킬 수 있었다. 그중 상당수는 "그녀의 이미지와 잘 맞는" 사람들이었다. 조직이 3교대 500명 이상 규모로 성장함에 따라 그녀의 과제는 나쁜 리더에 대한 것이 아니었다. 과제는 고객 통화 관리의 직접적인 기능이 아닌 조직 시스템 및 프로세스와 관련된 훌륭한 리더의 격차에 관한 것이었다. 따라서 그녀는 콜센터를 완전히 바꾸어 놓았지만, 사람 관리 대신 통화 관리를 지향하는 리더가 여전히 70% 정도 있다. 그녀는 자신도 모르게 패기 넘치는 조직을 만들었다. 그녀와 경영진이 기대하는 것처럼 그들은 제인을 콜센터뿐만 아니라 은행을 위한 훌륭한 리더로, 재능을 키우는 조직적인 목적을 가진 리더로 만들기를 희망하고 있다. 제인의 조직에서는 책임의 확산이 더 큰 문제이다. 신뢰성이 높은 조직을 만드는데 주인의식을 가진 사람은 보이지 않는듯하다. 인적 자원 계획을 만드는 방법을 실제로 이해하는 사람은 아무도 없다. 이 문제에 대해 제인의 인식과 이해가 커지면서 그녀는 전문 코치를 채용하는 등 자신을 위한 학습 기회를 모색하고 있다.

정서적 존재감과 자기 인식

세 리더는 사람들을 더 잘 파악할 수 있다. 프리야, 제임스, 제인은 모두 사람들과 그들의 동기요소를 볼 수 있는 능력이 뛰어나다. 그들은 누구나 언제라도 예기치 않게 가져올 수 있는 개인적, 정치적 어젠다, 자기 이익, 자기를 드러내기 위한 행동을 보는 데 통찰력이 있다. 놀랍게도 이러한 행동을 통해 팀과 조직에 기여할 수 있는 형태로 만들 수 있다. 그들은 내성적이고 조용하거나 신중한 사람들을 그들의 세계로부터 빠져나오게 하는 데 정통하며 직원들에게 자신감을 심어주고 그들의 기여가 반드시 필요하다고 느끼게 하는 데 도움을 준다. 일부 사람들은 더 공격적인 사람들과 더 내성적인 사람들을 별도의 그룹으로 볼 수 있지만 프리야, 제인, 제임스는 모두 두 그룹이 서로 연결된 것으로 인식한다. 각각 리더로서 게임과 규칙을 결정하고 실제로 게임의 목적을 지시하고 행동을 긍정적으로 형성할 수 있다. 다른 방식으로, 그들은 자기 이익이 강한 단일 팀원이 자신의 노력에 성공한 경우 팀 전체 결과에 막대한 피해를 줄 수 있음을 이해한다.

제임스와 제인은 성과가 좋지 않은 악의적 행동을 막기 위한 수단으로 강력하고 중앙 집권적인 관리방법을 배우고 있다. 둘 다 건강하고 최적의 조직을 만들기 위해 자신의 행동으로 균형을 찾는 데 어려움을 겪고 있다. 종종 조직의 복잡성을 더 깊게 볼수록 제인은 이해하지 못하는 복잡성이 더 많이 드러난다고 말한다.

프리야, 제임스, 제인이 확장한 영역은 자기 인식이다. 자신의 강점과 약점을 이해하고 더 나은 성과를 내기 위한 수단으로 자신을 어떻게 활용하는지에 대해 3명 중 프리야가 가장 큰 진전을 이루었다. 제임스는 자신의 마케팅에 대한 사랑 이외의 목적을 계속 찾으려고 노력한다. 제인은 자신의 신념, 역할에 대한 이해 및 행동을 통해 조직의 문제에 기여하는 방식으로 어려움을 겪고 있다. 그녀의 반응은 시간이 지남에 따라 나아지고 있지만, 여전히 반응을 바꾸고 주요 문제를 해결하는 방법에 대해 고민하고 있다. 그녀의 코치는 제인이 시스템에 더 의존하는 것이 때로는 직관에 어긋나게 되는 상황을 가져다줄 수도 있다는 것을 이해하도록 하고 있다. 코치는 제인이 조직에서 특정 문제가 발생할 때 보이는 과잉 반응을 중단하도록 돕고 있다. 제인은 자신의 새로운 습관을 개발하고, 회의 빈도를 줄이고, 부하직원들을 더 많이 지원하며, 긍정적이고 큰 그림의 메시지를 가지기 시작했다.

글로벌 사고방식

프리야, 제임스, 제인은 자기 인식과 동시에, 복잡한 조직들이 어떻게 리더십, 경쟁, 경제 변화, 대중문화 행사, 그리고 미국 경제를 지배하는 정치에 반응할 수 있는지 학습하고 있다. 우리는 이 각각의 것들을 분리하고 독립적으로 분류하는 경향이 있지만, 그것들은 모두 상호 의존적이며, 우리가 생각하는 구속력은 실제로 존재하지 않는다.

이것은 어느 리더에게나 중요한 교훈이다. 그리고 리더들은 그들 자신의 세계관이나 관점의 한계를 이해해야 한다. 리더십 전문가들과의 인터뷰에서, 우리는 그들이 얼마나 자주 그들의 리더십 전형 leadership exemplars 을 잘 파악하고 있는지, 그리고 그 전형들이 그들의 생각에서 얼마나 보편적인 사례를 언급하는지에 대해 놀랐다. 그들이 문제를 야기하거나 잘못된 경계를 만드는 경우는 좀처럼 보기 힘들었다. 그들은 자신들이 이끌었던 사업의 글로벌 마인드나 전체성을 진정성 있게 보았으며 조직의 서로 다른 기능이나 팀들 사이에 진정한 경계가 어디에 있는지 이해하는데 통찰력이 있었다. 정말 능숙한 리더들은 사람들을 팀이나 기능으로 연결하는 것을 이해하고, 이름을 붙이는 것은 그것이 스스로 섬처럼 독립된 것으로 존재한다는 것을 의미하지 않는다는 것을 이해했다. 목적의식이 있는 리더들은 어떤 문제가 부서들 사이를 넘어왔을 때 빠르게 그것이 어느 한 부서의 잘못이 아니라는 것을 이해한다.

전문가 인터뷰 참여자들은 그들이 경험한 최고의 리더들이 엄청난 정신적 유연성을 가지고 있으며, 매번 새로운 발표나 경영진에게 새로운 문제를 가져옴으로써 그들의 생각을 빠르게 바꿀 수 있다는 것을 언급하였다. 우리가 인터뷰한 한 리더십 개발 전문가는 훌륭한 리더들은 우리가 기능적이고 사업적인 경계를 가지고 인위적으로 창조하는 문제를 해결하는 것보다 어떻게 그것들을 해결할 수 있는지를 분류하는 데 있어서 매우 통찰력이 있다고 받아들였다. 이러한 지각 있는 리더들은 끊임없이 새로운 조직 구조와 설계를 추구하고 있었다. 그들은 조직의 각 부분을 하나의 단조로운 조각으로 생각하기보다는, 여러 조각이 함께 어떻게 여러 결과를 만들어내는지 이해했다.

학습 민첩성

우리는 변화를 멈출 수 없다. 모든 것이 끊임없이 변화하고 있으며 모든 변화의 복잡성이 증가하고 있다. 의미가 있는 여러 가지 일들이 있지만 반드시 의미를 필요로 하는 것은 아니다. 전설적인 경영 이론가인 러셀 애크오프 Russell Ackoff 는 다음과 같이 썼다. "리더들은 각각 독립된 문제들에 직면하는 것이 아니라 상호 작용하며 변하는 문제들의 복잡한 시스템으로 구성된 역동적인 상황에 직면한다. 나는 그러한 것을 엉망인 상황이라고 부른다. 리더들은 문제를 해결하는 것이 아니라 엉망인 상황을 관리한다."

복잡성에 얽힌다는 것은 리더가 인식하는 세계가 불확실하고 모호하며 빠르게 변화할 가능성이 높다는 것을 의미한다. 이러한 변화와 복잡성을 이해하려면 목표를 달성하기 위해 노력하면서 학습할 수 있는 리더가 필요하다. 그들은 이러한 혼란, 트렌드 및 새로운 기술을 인식할 때 혁신적이거나 다른 사람들을 혁신하도록 자극해야 한다. 그러나 학습은 글로벌 사고방식, 정서적 존재 및 윤리적 판단과 분리될 수 없다.

세 리더 중 막내인 제인은 가장 복잡한 어려움을 겪고 있다. 그녀의 리더십을 확장하려면 그녀는 조직이 더욱 협력적으로 발전할 수 있는 방법을 찾으면서 과장된 말을 제거할 수 있는 방법을 찾아야 한다. 제임스는 성장하고 발전함에 따라 보다 참여적인 리더십 스타일을 만들어야 한다. 프리야는 새로운 도전에 직면할 때 관계시스템을 더 잘 관리해야 한다.

그들 모두는 비전의 명확성과 영감을 주는 본질을 계속 개선해야 한다. 그들은 엄청나게 똑똑한 리더이며 결국 스스로를 확장하는 방법과 리더십 향상의 비결을 알아낼 것이다.

리더로의 성장

대부분의 리더십 개발 시스템을 통해 성장한 리더들은 리더십을 권력과 통제 및 예측에 관한 것으로 생각할 것이다. 그들은 리더십 역할과 책임을 맡을 때 문제를 해결하는 것이 그들의 역할에 대한 답이라고 생각한다.

내가 처음으로 리더십 역할을 수행했을 때, 또는 심지어 처음 두세 가지 리더십 역할을 수행했을 때, 나는 문제를 해결하고, 조직을 통제하고, 예산을 관리해야 한다고 확신하고 있었다. 목표를 달성하고 조직과 인재를 개발시키기 위해 그곳에 있다는 것을 이해하지 못했다. 나는 조직이 겪고 있는 모든 문제를 해결하기 위해 노력하고 있다고 생각했다. 비교적 쉽게 문제를 식별하고, 좋은 해결 대안을 구조화하고 구현하기가 얼마나 어려운지 알 수 있었다. 첫째, 나를 위해 일한 많은 사람이 내 말을 듣지 않은 것은 놀라운 일이었다. 둘째, 내 훌륭한 해결 대안 중 많은 것들이 더 큰 문제를 일으켰다는 것이 나를 더 놀라게 했다. 재밌게 들릴지 모르지만 시간이 지남에 따라 나는 어리석고 멍청하다고 생각했다. 자신감을 잃었다. 더는 다른 사람들을 신뢰하지 않았고 당시 몹시 내성적이었다.

이러한 문제들로 인해 주눅 들고 상처를 받았을 때, 나의 멘토가 사무실 출입구에 나타나 "점심을 먹자"고 말했다. 내가 진정으로 그를 필요로 한 바로 직후에 그는 나에게 나타나 점심을 먹자고 한 것이 오늘까지도 나를 어리둥절하게 한다. 물론, 그의 방식대로 모든 종류의 질문을 하고 나에게 듣기 좋은 대답만을 하지 않음으로써 내 마음의 환심을 샀다. 그는 10여 년 전에 세상을 떠났고, 내가 리더의 역할을 수행한 것에 대해 그에게 감사하다고 말한 적이 없었다. 그의 작품과 많은 사상가의 공헌 덕분에 나의 리더십 원칙을 찾을 수 있었다. 나의 멘토는 리더십이 예측과 통제를 숙달하는 것이 아니라 목표를 달성하는 것에 관한 것임을 깨닫게 해줬다. 우리는 리더로서 목적과 원칙을 조직, 비즈니스, 부서 또는 팀에 제공할 수 있다. 리더십을 통해 모든 이해관계자에게 통제의 수단으로 우리 자신의 신념에 의해 생성될 수 있는 것보다 더 나은, 더 긍정적이고 균형 잡힌 것을 제공할 수 있다.

나는 이 책을 우리가 리더들과 리더십에 대해 냉소적이고 불신하게 된 것에 관해 이야기하면서 쓰기 시작했으며 리더십을 발휘하는 방법에 대해 배운 몇 가지 교훈을 제시하면서 마무리하고 싶다. 이러한 교훈 중 일부에는 멍든 상처들이 많으며 또 다른 일부는 다른 사람들이 성공하거나 실패하는 것을 보면서 실제로 배웠다. 실제 인생 체험에서 시도해보아야 한다고 생각하는 실험이 있으며 실험의 대가로 얻은 보상도 있었다 실험이 실제로 어떻게 진행되었는지는 알려 줄 수는 없다.

나는 리더들이 목표를 달성하고 조직, 제품, 문화 및 사람들을 위해 모든 종류의 선을 창조해야 한다고 강력하게 믿는다. 또한 리더십은 양방향 관계라고 믿는다. 그 한 가지는 비공식적인 아이디어를 교환하는 것과 같이 대화로 유지되는 것이다.

목적의식 있는 리더십의 핵심요소 및 실천과 결합한 나의 리더십 학습은 여전히 진행 중이다. 나는 인본주의적인 세계관을 가지고 있으며 원칙을 제시하고 있지만 일반적으로 실증적인 사고를 선호한다.

우리는 모두 배우고 도전하기 위해 여기 있다. 리더들과 리더십을 지속적으로 파악하려고 노력하며 이 책이 새로운 방식으로 리더십을 갱신하고 몰입할 기회를 제공하기를 바란다. 그것이 내가 희망하는 최선의 것이다. 위대한 사첼 페이지 Satchel Paige 는 "아무도 보고 있지 않은 것처럼 춤을 추라"라고 말한다. 나는 "그들이 보고 있으니 이끌어라!"라고 말한다. 리더십의 관점에서 보면, 당신은 항상 관찰되고 있으며 당신의 행동은 자신의 말과 일치해야만 한다. 그것은 당신이 말하는 것이 아니다. 당신이 하는 일이다.

이 놀라운 변화, 변동성 및 모호함의 시대에, 놀랍게도 우리는 리더십에 '왜 why'가 있을 뿐만 아니라 '어떻게 how'가 있는지 리더십 개발 전문가 및 리더십 전문가와의 인터뷰에서 알게 되었다. 그들이 어떻게 이끌어가는지, 그들이 이끌어가는 투명성과 자기 관리는 목적의식 있는 리더십의 숨길 수 없는 강력한 습관의 신호였다.

그 방법은 대부분의 경우 리더로서의 행동을 지배하는 간단한 아이디어들로 요약되었다. 리더십 경력의 어느 곳에서 그들은 자신, 관계, 표준 및 야망을 지배할 일련의 아이디어를 식별하고 이해하고 또 내면화했다. 물론 어려운 부분은 당신의 방법을 이해하는 것이 아니라 당신의 방법을 실천하는 것이다.

내가 리더십에 관해 배운 것

1. 자각한다. 규모와 범위에 따른 강점을 발휘한다. 약점을 제한한다. 필요할 때 도움을 요청한다.

2. 가치는 모든 것을 초월한다. 가치를 완전히 살린다.

3. 인적 자본은 금융 자본을 주도한다 오브라이언에게 감사!.

4. 큰 목표를 만들고 의사소통하며 달성한다. 몇 가지 훌륭한 목표를 가진 사람들을 모은다.

5. 리더십을 고취하는 것은 전염병이다. 모두 전염성이 있지만 흥분과 소름은 공포와 불안보다 더 잘 통한다.

6. 긍정적인 피드백을 유도한다. 너무 고무적일 수 있다.

7. 조직이나 문화가 번창할 수 있는 올바른 규칙 규정, 절차, 구조을 만드는 데 중점을 둔다.

8. 전체를 보면서 가능한 모든 것을 단순화한다.

9. 책임을 공유한다. 실패한 사람은 거의 없다. 대부분은 한 사람만의 잘못이 아니다.

10. 구조를 관리한다. 사람들이 최선을 다하고 자신을 표현하도록 한다.

11. 항상 시스템의 적절한 곳에서 개입한다.

12. 존엄성, 존중 및 공동체에 항상 중점을 둔다 마빈에게 감사!.

13. 모두 마음먹기에 달렸다. 현실의 최고의 그림을 만들기 위해 열심히 노력한다. 당신이 인식하는 것에 안주하지 마라.

14. 리더는 변화를 만든다. 최소한의 노력으로 가장 큰 변화를 만들어 낼 수 있는 지렛대를 찾아당긴다.

15. 수학을 한다. 그것은 그렇지 않을 때까지 진실을 알려준다. 거기에는 단순한 숫자보다 항상 많은 이야기가 있다.

16. 숫자 기반 매개 변수예 : 10% 삭감 는 통하지 않는 간단한 결정이다.

17. 신중하게 생각한다세 번 생각하고 한 번 행동한다!.

18. 작은 시도로 큰 결과적 결정을 내린다. 큰 시도로 작은 결정을 내린다.

19. 프로세스 또는 시스템으로 지연을 방지한다. 지연은 항상 큰 비용이 든다.

20. 항상 버릴 줄 알아야 한다. 당신의 성공에 집착하거나 유산 때문에 매달리지 않는다.

21. 투명하게 업무에 임한다.

22. 항상 올바른 사람들을 모으는 것에 관한 것이다. 항상!

23. 영웅과 영웅적인 행동은 시스템의 문제점에 대해 많은 것을 알려준다.

24. 부분뿐만 아니라 항상 전체를 본다.

25. 말하지 않는 사람을 찾는다. 소리내어 말한다.

26. 가능하면 스스로 조직화를 한다.

리더십 Leadership

Q 나는 스스로를 리더로 보고 있는가?

Q 내가 원하는 기회가 생길 때 이끌기 위하여 본인의 이름을 넣을 충분한 확신이 있는가?

Q 이끌기 위한 '열정'이 있는가?

Q 직무 전문가뿐만 아니라 리더의 능력을 진정으로 이해하고 있는가?

Q 의견 불일치, 애매함, 저항 및 갈등이 있을 때도 목표를 추구할 용기와 다짐을 가지고 있는가?

Q 올바른 일을 할 용기가 있는가?

Q 혁신적인 목표를 중심으로 사람들에게 영감을 부여하고 몰입하게 하고 조직화하는 방법을 이해하고 있는가?

Q 나는 나의 가치와 리더십 원칙과 일치하는 방식으로 행동하는가?

Q 훌륭한 목표를 달성할 수 있는 조직을 이해하고 구축하고 싶은가?

줄을 당기면 원하는 곳으로 따라간다.

하지만 줄을 밀면 아무 데도 갈 수 없다.

– 아이젠하워 Dwight D. Eisenhower

지금까지 제임스, 프리야, 제인의 리더십 여정에 대한 통찰력을 주기 위해 15년 동안 시계를 움직이지 않고 이 책을 마치는 것은 불가능한 일이다. 내가 이 세 리더 모두를 처음 만났을 때, 목적의식 있는 리더십은 개념으로 자리잡기 전이었다. 리더십 개발 프로그램에 참여했던 제임스의 코치로 일했으며 프리야를 처음 만났을 때 그녀 상사의 코치였다. 그녀의 상사는 프리야가 자신이 본 가장 재능있는 리더이자 건축가라고 생각했다. 나는 Linkage의 글로벌 리더십 개발 프로그램GILD에서 제인을 만났고, 그녀와 그녀 조직 동료들의 학습 팀이라고 알려진 그룹을 대상으로 촉진 활동을 했다. GILD 이후에 비공식 코칭 관계를 시작했다.

어떤 리더도 완벽하지는 않으며, 대부분 리더는 리더십 본능과 행동을 형성하고, 훈련하고, 개발시키는 수십 년간의 학습 과정을 거치게 된다. 시간이 지남에 따라 그들은 자신, 팀, 부문, 그리고 전체 조직을 관장하는 방법을 배운다. 그들은 스킬 도구 상자, 일련의 리더십 원칙, 구성원, 스타일 및 리더로서의 독특한 목적 감각을 구축한다. 그들은 자신들이 과거를 진정으로 대표하고, 미래의 건축가이며, 리더로서의 가치를 이해하게 되면서 현재를 구현하는 사람임을 이해하고, 그 가치를 실현하는 방법을 배운다.

제임스 : 자신의 목적을 알고 살아가기

제임스는 훌륭했지만 탁월한 학습자는 아니었다. 그는 진심으로 그를 믿는 사랑하는 가족으로부터 영향력을 받았다. 제임스는 가족과 친척의 친밀감에 대해 대단히 감사했으며, 그들로부터 많은 교훈을 얻었다고 느꼈다. 특히 아버지의 친밀하고 친절한 스타일에 대한 강한 기억을 가지고 있었다. 그의 아버지는 항상 모든 일을 기꺼이 담당했지만, 항상 자신이 했던 일에 자신을 둘러싼 사람들과 함께 웃고 즐기고 있었다. 제임스는 자신의 아버지가 큰 자선 경매 행사를 이끌었던 강한 기억을 특히 자주 언급했다. 수백만 달러의 상금이 경매되는 가운과 턱시도 행사였다. 제임스와 그의 형제들은 그 행사의 자원봉사자들이었다. 제임스는 아버지에 대한 기억 속에서도 아버지가 특히 자원봉사자들과 함께 웃고 즐기는 것을 볼 수 있었다. 그의 아버지는 모든 사람을 이름으로 불렀고 스트레스, 문제 또는 압박감에 시달리지 않았으며, 흥미롭지는 않지만 존경하는 말로 친절하게 대했고, 실제로 그들과 좋은 관계를 맺었다. 제임스는 어린 시절부터 많은 것을 배웠다.

- 친절은 인생에서 중요한 부분이다.
- 항상 개선한다.
- 함께 일하는 것이 더 재미있다.
- 존중한다.
- 자신을 안다.
- 인생에서 가장 중요한 것은 사랑이다.

제임스는 이러한 아이디어를 자신과 함께 직장으로 가져왔고 시간이 지남에 따라 '항상 개선할 것always be improving'과 '자신에 대해 알 것 know your stuff'에 점점 더 집중하고 있음을 알게 되었다. 다른 두 사람과 함께 승진한 후 제임스는 포춘 100대 기업의 최고 마케팅 책임자에게 직접 보고했으며 1년간의 리더십 개발 교육 프로그램에 참석하도록 요청받았다.

제임스는 360도 다면피드백 활동, 그룹 활동 및 피드백과 관련된 몇 가지 연습 및 시니어 팀원들 대상의 지도 방식에 대한 강의를 마친 후 리더십 원리를 작성하도록 요청받았다. 그는 말을 더듬으며 멈칫했고 자신의 리더십 원칙을 작성하는데 흥미를 보이지 않았다. 실제로 그에게는 시간 낭비인 것 같았고 이를 미루면서 게으름을 피웠다. 그의 학습 팀 퍼실리테이터들이 이를 알아차리고 제임스에게 개입하여 약간의 코칭을 제공했다.

제임스는 결국 몰입할 수 있게 되었다. 퍼실리테이터와 프로그램 참가자는 제임스에게 리더로서 자신의 뿌리roots에 대해 질문함으로써 시작했다. 그는 리더로서 어디에서 왔는가? 그의 가장 중요한 역할 모델은 누구인가? 왜 마케팅인가? 왜 이 산업인가? 리더로서 어떤 교훈을 실제로 내면화했는가? 일이 잘되지 않는다고 느꼈다는 이유로 어떻게 다른 일을 하기로 했는가? 그가 이끄는 방식으로 인해 아버지를 실망하게 할지도 모른다는 고통스러운 통찰이 있었다. 당신이 상상할 수 있듯이, 그 프로그램은 그의 아버지에 대한 기억으로 그의 마음을 가득 채웠다.

무엇이 그에게 영감을 주었는가? 그는 자신을 위해 일한 다른 사람들에게 어떤 영감을 주었는가? 그는 어떤 점에서 옳았는가? 그는 어디가 잘못되었는가? 그는 어떤 전통을 좋아했는가? 그는 그 전통을 기꺼이 버리기 위해 무엇을 믿었는가? 그리고 '조직의 리더로서 무엇을 원하는가? 무엇을 기꺼이 실천할 의향이 있는가?'

제임스는 교차로에 있었고 그는 그것을 알고 있었다. 그는 자신을 믿기 시작하고 자신의 목적을 성찰하고 소수의 주요 친구들에게 자신의 취약점을 공유함으로써 그들의 의견을 구했다. 리더십 개발 프로그램은 그에게 이론적 근거와 과거에는 갖지 못했던 구조를 주었다. 코치는 자신의 문제를 해결할 때 경험하지 못한 과제를 그에게 주었다. 그는 마케팅 프로그램과 같은 외부 문제에 대해 매우 엄격했다. 그의 모든 경험을 되돌아보고, 결론을 도출하고, 새로운 에너지로 그의 역할로 돌아갈 수 있게 해 준 것은 성찰이었다.

2년 이상 동안 나는 제임스의 코치가 되었고 리더로서의 성장은 기하급수적이었다. 그는 숫자 및 분석적 사고에의 의존을 중단했고 한 그룹의 사람들에게 활력을 불어넣는 비전과 목표의 역할을 보기 시작했다. 자기 업무 중 다른 큰 그룹과 대화하는 법을 배웠고 돌아와서 다음 학습팀과 함께 리더십 개발 과정을 가르쳤다. 얼마 지나지 않아서 곧

아내가 된 사람을 만났다. 당시 주변 사람들은 그의 전반적인 변화에 놀랐다. 하지만 불행하게도, 마케팅 부사장이 은퇴했을 때 제임스는 그 자리로 승진하지 못했다. 경영진은 제임스가 그들이 필요한 만큼의 마케팅에 대한 폭넓은 지식을 가지고 있다고 생각하지 않았으며, 그에게 성장을 위한 적절한 긍정적인 피드백을 제공하고 광범위한 마케팅 및 기업 문제에 대한 경험을 쌓고 인센티브를 제공했다. 이러한 신뢰와 보상으로 그는 동기를 부여받았다. 그래서 그가 사직했을 때 충격이었다. 마케팅 전문가인 그와 그의 아내는 마케팅 컨설팅 회사를 시작했다. 제임스와 나는 지난 14년 동안 정기적으로 교류를 했으며 회사는 엄청나게 잘 운영되고 있다. 그와 그의 아내는 고객회사의 마케팅 분석을 돕는 데 중점을 두고 있다. 자신의 목적을 발견하고 매일 그것을 통해 살아간다. 고취, 몰입 및 혁신을 통해 일상을 이끌고 있다.

그는 계획적으로 의도적으로 의사소통 스타일을 지원하는 프로그램을 개발했다. 계속해서 실수를 발견하지만, 젊었을 때의 제임스와는 다른 방식으로 문제를 다루며 종종 사람들과 더 강한 관계를 맺게 된다. 그는 자신의 목적과 원칙에 따라 생활하고 있다.

프리야 : 추진력 있는 리더 되기

프리야는 MBA 과정에서 그녀에게 필요한 여러 가지 과목을 수강하여 깊이 파고 들어갔다. 그녀는 항상 자신의 프로세스 배후에 있는 원칙들을 분명히 할 수 있었다.

- 여러 관점에서 모든 주제를 보고 가장 도전적인 관점을 찾는다.
- 부분을 명확화하고 프로젝트의 범위를 만든다.
- 도전과제에 관해 이야기하고 싶은 모순과 불일치를 찾는다.
- 사람들이 이야기할 매력적인 내용을 만든다.
- 부분의 각 치수를 검사하여 가장 효과적인 것을 찾는다.

프리야는 창의적인 일을 좋아했고 그 과정을 좋아했다. 그녀가 무엇을 만들고 있는지는 중요하지 않았다. 그녀는 땅과 건물이 함께 모여 동시에 사람들에게 도전과제를 주고 사람들을 끌어들이는 방식으로 무언가를 찾는 것을 좋아했다.

프리야는 조직의 CEO가 그녀를 불러서 다른 자회사의 대표직을 맡을 것인지 물었을 때 자신의 리더십을 다시 생각해야 했다. 그녀는 그 회사의 최초 여성 대표가 될 것이며 글로벌 경영진의 첫 여성이 되어 시장에 진출하고, 조직을 운영하며, 직원들을 이끌 것이다.

CEO는 그녀를 지원하기로 약속하였지만, 그녀가 임명되기 전에 이 사회와의 심사 과정을 거쳐야 한다. 이 과정을 시작하기 위해 그는 그녀에게 이사회 심사를 위해 다음과 같은 4개의 질문에 대한 답변을 별도의 에세이로 작성하도록 요청했다.

1. 어떻게 조직을 운영할 것인가?
2. 경영진을 어떻게 이끌 것인가?
3. 조직의 문화를 어떻게 구축하고 만들 것인가?
4. 주주들을 위한 가치 창출 과정 로드맵에 대해 어떻게 할 것인가?

프리야는 유일한 환경 서비스 회사의 대표가 되었다. 그녀는 설계와 건물 건설을 떠나 엔지니어링 세계에서 훨씬 더 까다롭고 도전적인 부분을 맡을 것이다. CEO는 그녀에게 한 달 정도의 시간을 갖고, 각 부문의 사람들과 이야기하고, 까다로운 질문을 하고, 사람들이 생각하고 느끼는 것을 확인하도록 요청했다. 그는 그녀에게 약간의 지침을 주면서 각 에세이는 한 페이지를 넘지 않아야 한다고 간단하게 설명했다. 또한 그녀에게 다음과 같은 질문에 대해 생각하도록 요청했다. 어떻게 사업과 수익을 10배로 성장시킬 수 있을까? 그는 모든 부문과의 관계를 선호하기 때문에 3개월마다 부문의 검토를 위해 여러 이사회 멤버들에게 동행할 것을 요청했다. 따라서 그녀는 매 3개월마다 하루를 설정하여 전체 비즈니스 단위 검토를 준비할 것이며, 이사회 멤버들은 전체 조직을 보는 기본 방법으로 그녀의 리더십 원칙을 검토할 것이다.

　나머지 이야기는 빠르게 진행된다. 프리야는 평가 과정을 거쳐 에세이를 작성하고 이사회와의 인터뷰를 거쳐 환경 서비스 자회사의 대표로 승인되었다. 8개월 후 다른 회사가 그 전체 조직을 인수했다. 그녀는 재무적으로 나타나기 시작한 많은 변화를 겪었지만 갈 길이 멀었다. 그러나 인수 회사가 프리야를 포함한 전체 관리팀을 모두 내보낸 이후에는 문제가 되지 않았다.

　제대로 자리가 잡히기도 전에, 프리야는 자신의 엔지니어링 컨설팅을 준비하여 거의 일주일 만에 프로젝트를 시작했다. 그녀는 또한 회사의 대표직을 찾기 위해 구직을 시작했다. 기회는 거의 즉각적으로 나타났지만 프리야는 많은 기회를 거부했다. 흥미롭게도 한 사업가가 와서 프리야에게 제안했다. 그는 프리야가 새롭고 독특한 엔지니어링 회사를 연구하고 만들기를 원했다.

프리야는 세 가지 제안과 많은 논의를 거쳐 엔지니어링 설계 회사의 CEO자리를 찾았다. 그녀는 회사의 49%의 지분을 소유할 것이다. 4년 후, 엄청난 성공을 거두고 이 회사는 서부지역의 다른 엔지니어링 회사에 인수되었다. 또 다시 그녀는 일을 그만두었지만 자신의 컨설팅 회사를 시작했다.

9년 후, 프리야와 그녀의 자문활동은 모두 매우 성공적이었다. 그녀는 1년에 여러 프로젝트를 수행할 뿐만 아니라 시 정부가 디자인하고 도시의 미래를 제시하는 전문가로 높은 관심을 받고 있다. 결과적으로, 다른 도시들과 함께 건축 및 건설의 미래에 대해 자문활동을 하고 있다. 심지어 미국 의회에서 증언했다.

프리야는 그녀의 경력에서 너무 많은 인수합병을 겪었다. 그녀는 특히 창업을 성공적으로 시작하고 그 회사를 매각한 후에 자신의 회사를 개설하는 것이 불가피했다. 여전히 네트워킹 전문가, 유능한 예술가, 인턴과 일을 위해 회사에 오는 많은 젊은 여성의 멘토이자 훌륭한 건물 디자인에 대한 열정적인 애호가이다.

제인 : 부단한 단련

제인은 항상 전문가였다. 그녀는 자신만의 '방법 how'을 항상 준비하고, 대안을 갖고, 가능한 한 신속하고 철저하게 의사소통했다. 제인은 법학대학원에 가지 않았을 때 늘 기회를 놓친 것처럼 느꼈다. 항상 자신을 폭풍의 고요한 중심으로 보았고 리더로서 영감을 얻는다는 아이디어를 끊임없이 가지고 있었다. 새로운 상사가 그녀에게 "리더로서 당신을 안내하는 것은 무엇인가?"라고 물었을 때 그녀는 점심시간이 모두 지나가는 줄 모르고 오랜 시간 동안 지속해서 상사와 이야기를 나누기도 하였다.

제인은 즉시 상사에게 "당연히 회사의 미션"이라고 대답했다. 그녀는 "그 대답을 그가 받아들이지 않아서 다행이었다." 대신 제인은 콜센터가 혼란스럽다고 계속 말했다. 상사는 "조직은 그 조직 리더의 반영"이라고 덧붙였다. 그리고 3개월의 시간을 갖고 그녀의 조직운영을 모든 각도에서 조사하기를 원했다. 스스로 각 프로세스를 점검하길 원했으며 그녀에게 보이지 않았던 모든 것을 보기 시작하기를 바란다고 말했다. 또한 식사 후 일어나면서 "계획을 세우고, 조직에 몰입하고, 조직과 자신을 위한 새로운 관행을 만들 수 있는 새로운 방법을 찾길 바란다"라고 말했다.

제인은 도전을 시작했다. 다소 강제적인 길이지만 긍정적이고 전문적인 길이었다. 먼저, 그녀는 코치의 조언을 구했다. 제인은 프로세스 팀, 성과 팀 및 조직 팀이라는 신뢰할 수 있는 세 개의 팀을 구성했다. 각 팀에 현재 현실의 평가와 바람직한 팀에 대한 평가 및 두 가지 목록을 요청했다. 첫 번째는 조직에 대해 무엇이 변경되어야 하는가? 그리고 우리 조직이 계속 동일하게 유지해야 할 것은 무엇인가? 하는 것이었다. 또한 그녀는 각 팀에게 그녀의 리더십에 대한 리포트 카드를 요청하였고 열린 자세로 질문할 것을 약속했다.

처음 6주 동안, 팀은 각자의 임무를 결합하고 재결합하고 서로 의지하여 궁극적으로 하나의 큰 팀을 만들었다. 한 팀으로서 그들은 글로벌 리더십 프로그램GILD 에 참석하여 일주일 동안 자신과 상호 간, 그리고 데이터를 되돌아보았다. 실제 작업을 완료하는 데 4~5주가 더 걸렸지만 제인은 진단피드백을 받았다. 진단피드백은 대체로 긍정적이지만 그녀가 리더로서 누구였는지를 알아낼 필요가 있다는 것이 분명했다. 그녀는 코치와 함께 앉아서 자신의 리더십 목적 및 리더십 원칙을 살펴보았다. 이 진단피드백은 그녀의 리더십 스타일과 관련된 두 가지 주요 이슈를 실제로 강조했다. 제인은 권한위임이 부족하였으며 전략적인 사고와 시스템적 사고가 부족한 것으로 나타났다.

제인과 코치는 어떻게 해야 할지 결정하기 위해 몇 가지 질문을 나누었다. ①변화가 어떤 혜택을 가져오는가? ②리더십 스타일의 변화를 통해 얻을 수 있는 최악의 시나리오는 무엇인가? ③사람들이 변화에 대응할 것인가? ④변화를 시도할 때 조직이 뒤로 후퇴하지 않도록 하려면 어떻게 할 것인가?

결국, 그녀는 용기를 내어 변화를 계속하기로 했다. 이것은 제인이 자기개발뿐만 아니라 자기인식 능력을 개발하도록 요구하는 변화였다. 그녀가 이끄는 방식으로 결과를 전달할 수 있다는 자신감은 통제력을 상실하고 결과가 잘못된 방향으로 표류하는 것에 대한 두려움에 기인한다는 것과 일치했다. 그녀에게 더 혼란스러운 것은 그녀는 자기인식 개선을 특별히 유용한 것과 연결하지 않았다는 것이다. 자신의 인식을 변화시키는 것이 어떻게 거대한 콜센터 운영에 영향을 줄 수 있는지 이해하기 어렵다는 것을 알게 되었다. 그런데도 그녀는 자신의 목적과 원칙을 정의하고 그 원칙을 따르기 시작했다. 예상했던 것처럼, 처음에는 잘 진행되지 않았다. 습관을 바꾸고 통제를 포기하는 것은 상상했던 것보다 더 힘들고 골치 아픈 것이었다. 그리고 문제를 악화시킨 것은,

조직은 제인과의 관계에 대한 모든 종류의 스토리를 가지고 있었다. 그러나 자랑스러운 후원자이자 멘토처럼, 그녀의 상사는 일어나고 있는 모든 일에 대해 그녀를 지원하였고 또 행복해하였다.

제임스와 마찬가지로 제인은 자기 인식이 커지는데 설명할 수 없는 많은 이점을 발견했다. 그녀가 완전히 무시한 삶의 일부는 갑자기 인생의 주요 부분이 되었다. 그녀는 인생의 동반자인 배우자를 만났고, 그녀의 인생의 동반자와 함께 친구, 공동체, 그리고 그녀가 깊이 관심을 두고 있는 자선 단체를 찾았다. 그리고 이사회에 합류했다. 대략 6개월에서 7개월이 지난 후 콜센터의 성과는 평소와 달리 뛰어났다. 그리고 그것은 계속 지속하였다. 그리고 몇 년이 지난 후 최고운영자 COO 까지 가지는 못했지만 제인은 결국 경영관리 총괄 부사장으로 승진했다.

그녀는 인적 자원, 시설, 보안, 사내 어린이집, 지역사회 관계, 회사의 사회공헌, 회사의 다양성 노력을 책임지는 선임 리더였다. 모든 사람이 문제를 이해하고 그들이 문제해결에 어떻게 기여했는지를 총체적으로 이해하고 인식하는 데 능숙해졌다. 나쁜 습관을 모두 중단하고 훌륭한 팀을 만들었으며 팀원들을 조직화하고 혁신적으로 운영했다. 그녀 조직의 새로운 규범은 몇 달마다 다시 새로운 규범이 되었다. 자신있게 경영진의 요구사항을 탐색하고, 새로운 역할을 놀랍게 수행하였고 개인적으로도 균형 있는 삶을 살았다. 리더로서, 그녀는 집중력과 목적이 있었으며, 복잡한 것에 대해 간략하게 설명을 하고, 큰 그림을 염두에 두고, 과도하게 통제하지 않는 방법을 배웠다. 제인은 리더로서 자신의 촉으로 편안함을 얻었다. 그녀는 회사 내에서 사랑과 존경을 받는 리더이며, 모두가 그녀를 멘토 또는 후원자로 원한다.

원칙들의 진화

리더십은 활동적인 전문 분야이며 다른 분야만큼이나 전문적인 연습이 필요하다는 것을 이해하는 것이 중요하다. 어떤 스타일을 가진 사람이라도 이끌 수는 있지만, 리더가 리더십 근육을 만들고, 어려운 상황을 처리하며 존재감을 키우면서 진화하고 향상하는 것이 리더 훈련의 일부가 되어야 한다. 진화와 향상은 더욱 목적의식이 있는 리더가 되기 위한 불가피한 부분이다.

제임스, 프리야, 제인은 목적의식이 있는 리더가 되었다. 나는 매일 그들에게 영감을 받았다. 그들과 그들 같은 사람들은 곧 나의 존재 이유이다.

원칙 Principles

Q 리더로서 어디에서 왔는가?

Q 가장 중요한 역할 모델은 누구인가? 좋은 모델인가? 나쁜 모델인가?

Q 왜 이 회사를 선택했는가?

Q 왜 이 산업을 선택했는가?

Q 리더로서 어떤 교훈을 실제로 내면화했는가?

Q 일이 잘되지 않을 때 어떻게 다른 방식으로 접근하는가? 당신의 참여 또는 참여 부족으로 인해 직접적으로 영향을 미친 것들은 무엇인가?

Q 무엇이 당신에게 영감을 주는가?

Q 당신을 위해 일하는 다른 사람들에게 영감을 주는 것은 무엇인가?

Q 어디가 잘 되었는가?

Q 어디가 잘못 되었는가?

Q 조직의 어떤 전통을 좋아하는가? 아니면 어떤 전통을 보고 싶은가?

Q 당신이 그 일을 잃게 될지라도 최선을 다하고 있는 것은 무엇인가?

Q 조직의 리더가 되고 싶은 이유는 무엇인가? 당신은 무엇을 실천할 의향이 있는가?

Q 원칙을 어기고 싶은 유혹에 빠졌을 때 당신의 계획은 무엇이었나?

큰 프로젝트에는 한 명 이상의 사람이 참여하지만 오직 한 사람이 프로젝트를 문서화하는 작업을 한다면, 그 사람은 과도한 책임감을 짊어지게 된다. 이 책, 『BECOME : 목적의식 있는 리더십의 5가지 핵심요소』은 단지 나 혼자만의 노력이 아닌 많은 사람의 일과 생각의 결과물이다.

목적의식 있는 리더십이 그저 단순한 열망이었을 때, 그것은 Linkage의 모든 사람의 삶에 영감을 주었다. 내가 발견한 것에 대해 여러 번에 걸쳐 내부에서 발표했으며, 그 의미에 대해 수없이 많은 활발한 대화를 나누었다. 그러나 실제로 요점을 찾지 못했다. 목적의식 있는 리더십 개발에 기여한 사람들이 많았다. 찰리 모로우 Charley Morrow 와 카일 알버히니 Kael Alberghini 는 Linkage가 수년 동안 리더십을 진단하는 데 사용한 많은 360도 피드백 데이터를 분석하는 통계 마법사였다. 링키지 글로벌 지사들과 많은 링키지 동료들이 연구에 큰 도움을 주었으며, 중요한 검증을 제공했다. 많은 링키지 컨설턴트들이 이 연구 프로젝트에 기여했다.

내부의 프로젝트 매니저들에게도 감사의 말을 전한다. 어떤 매니저는 내가 말한 것을 다시 강조하고 내 생각과 말에 대한 새로운 의견을 갖도록 도와주었다. 어떤 매니저는 출장 가는 비행기 안에서도 놀라운 문헌 검색 및 참고 문헌을 작성해 주었다. 릭 펌프리 Rick Pumfrey 는 '목적 purpose '이라는 용어에 대한 저작권을 만드는 데 도움을 주었다. 마지막으로, 도날드 Donald Auger 와 함께 목적의식 있는 리더십 360도 진단 결과를 작성하였고, 목적의식 있는 리더십에 대한 내부 공유 자료를 만드는 데 일조해준 데본 브라운 Devon Brown 에게도 감사하다.

출범 이래로 목적의식 있는 리더십이 Linkage의 핵심고객을 위한 프로그램으로 제공되었다. 사람들을 이끌어가는 방법에 영감을 불러일으키고 가르치는 활동으로 개념을 전환하는 것은 쉬운 일이 아니다. 마케팅팀은 물론 디자인 기능의 핵심 멤버들의 그래픽, 마케팅 자료, 홍보 노력 및 편집을 통해 목적의식 있는 리더십 책과 프로그램을 홍보하는 업무에 대해 그들 모두에게 대단히 감사하다. 그들은 처음부터 고객과의 협력 방식을 지원하고 함께 하였다.

수많은 리더십 전문가들의 도움, 의견, 피드백 없이는 이 길을 가보지 못했을 것이다. 그들의 영향은 이 책의 각 페이지에 설명되어 있다. 많은 사람들이 더는 우리와 함께하지 않으며, 어떤 사람들은 나를 기억하지 못할 수도 있지만, 이들은 여전히 내 생각 안에서 자신의 존재를 알리고 있다. 개발이 필요한 리더만이 아니다.

출판사인 맥그로우 힐 McGraw-Hill 과 도냐 디커슨 Donya Dickerson 이 팀을 이끌면서 이 책의 메시지에 대한 그녀의 믿음을 불어 넣고 지원해 주었다. 그녀와 그녀의 팀은 책의 구조와 내용을 전개하는 데 있어 매우 소중했다. 말할 것도 없이, 그들은 어법이나 불규칙한 문구의 사용 및 과도한 인용을 수정하는 데 중요한 지원을 해 주었다.

물론 나의 경력 내내 빚진 다른 많은 사람들이 있다. Linkage의 창립 자인 필 Phil Harkins 과 데이비드 David Giber, 질 Jill Ihsanullah 이다. 지난 이십 년 동안 그들에 대한 감사의 빚은 영원히 갚을 수 없을 것이다.

그러나 이 모든 것이 아내 주디 Judy 의 지원 없이는 불가능했을 것이다. 그녀는 나에게 이 책 쓰기 프로젝트를 할 수 있는 공간과 목적의식 있는 리더십을 부여했다. 통찰력이 커지고 의견이 더욱 강조되면서, 나는 그녀의 도움을 구하였다. 그녀는 리더와 리더십에 대한 모든 이야기를 들어주었으며, 여전히 웃어야 할 부분에서 함께 웃어주었다. 그것이 42년 동안 지속하는 결혼 생활을 만드는 방법이었다고 본다.

현실 세계에서 성장하고 살아가는 두 딸인 엘리자베스 Elizabeth 와 스테파니 Stephanie 는 약간의 '코칭'을 통해 고통을 겪어야 했다. 다행히도 그들은 나보다 어머니를 더 많이 찾는다. 불행히도 그들은 내가 뒤에 머물러 있고 목적의식 있는 리더십이나 이 책을 준비하는 동안 가족 휴가 중에 나를 대신해서 번거로운 일들을 처리해야 했다.

그들은 무의식적으로 나에게 리더십에 대해 많은 것을 가르쳐주었다. 가족들과 일, 리더십, 관리 등에 대한 대화를 하기 전까지 그들이 얼마나 많은 통찰력을 가지고 있었는지 전혀 알지 못했다. 나는 딸들이 여성이 평등하다고 생각할 수 있는 이 시대에 그들의 성장과 발전을 지켜보게 되어 기뻤다. 하지만 딸들이 종종 불평등한 상황을 겪는 것을 볼 때면 리더십에 대해 고민하고 깊은 동기를 부여받기도 했다.

목적의식 있는 리더십에 관한 이 책을 통하여 리더의 효과적이고, 공정하고, 복잡하고, 용기 있고, 포용적인 개인으로서 리더에 대한 신뢰를 회복하는 것에 관한 것을 담고자 하였다. 아직 갈 길이 멀지만, 이 책을 통하여 조금이나마 다른 변화를 가져오기를 바란다.

Engage

· AUTHORS : Deborah Ancona, Thomas W. Malone, Wanda J. Orlikowski, and Peter M. Senge

· CITATION : Ancona, D., Malone, T. W., Orlikowski, W. J., and Senge, P. M.(2007). "In Praise of the Incomplete Leader." Harvard Business Review, 85(2), 92–100.

· AUTHORS : Marc H. Anderson and Peter Y. T. Sun

· CITATION : Anderson, M. H., and Sun, P. Y. (2015). "Reviewing LeadershipStyles : Overlaps and the Need for a New 'Full-Range Theory.' "International Journal of Management Reviews.

· AUTHOR : Peter Bregman

· CITATION : Bregman, P. (2018). Leading with Emotional Courage : How to Have Hard Conversations, Create Accountability, and Inspire Action on Your Most Important Work. John Wiley and Sons.

· AUTHOR : Brene Brown

· CITATION : Brown, B. (2010). The Gifts of Imperfection : Let Go of Who You Think You're Supposed to Be and Embrace Who You Are. Hazelden Publishing.

· AUTHOR : James MacGregor Burns

· CITATION : Burns, James MacGregor (1978). Leadership. Harper and Row.

· AUTHOR : Kim S. Cameron

· CITATION : Cameron, K. S. (2012). Positive Leadership : Strategies for Extraordinary Performance. Barrett-Koehler Publishers.

· AUTHOR : Jay A. Conger

· CITATION : Conger, J. A. (1999). "Charismatic and Transformational Leadership in Organizations : An Insider's Perspective on These Developing Streams of Research." The Leadership Quarterly, 10(2),145–179.

· AUTHOR : Daniel Edelman

· CITATION : 2019 Edelman Trust Barometer, Edelman, 2019

· AUTHORS : Robert Galford and Anne Siebold Drapeau

· CITATION : Galford, R. and Drapeau, A. S. (2011). The Trusted Leader : Bringing Out the Best in Your People and Your Company. Atria Books.

· AUTHOR : Robert K. Greenleaf

· CITATION : Greenleaf, R. K. (1970). The Servant as Leader. Robert K. Greenleaf Publishing Center.

· AUTHORS : Ronald A. Heifetz, Alexander Grashow, and Marty Linsky

· CITATION : Heifetz, R., Grashow, A., and Linsky, M. (2009). ThePractice of Adaptive Leadership : Tools and Tactics for Changing Your Organization and the World. Harvard Business Review Press.

· AUTHORS : Paul Hersey and Kenneth H. Blanchard

· CITATION : Hersey, P., and Blanchard, K. H. (1977). Management of Organizational Behavior : Utilizing Human Resources. Prentice Hall.

· AUTHOR : Daniel Kahneman

· CITATION : Kahneman, D. (2013). Thinking, Fast and Slow. Farrer, Straus, and Giroux.

· AUTHORS : Robert G. Lord and Rosalie J. Hall

· CITATION : Lord, R. G., and Hall, R. J. (2005). "Identity, Deep Structure and the Development of Leadership Skill." The Leadership Quarterly,16(4), 591–615.

· AUTHOR : Scott E. Page

· CITATION : Page, S. E. (2017). The Diversity Bonus : How Great Teams PayOff in the Knowledge Economy. Princeton University Press.

· AUTHORS : John E. Tropman and Lynn Wooten

· CITATION : Tropman, J. E., and Wooten, L. (2010). "Executive Leadership : a 7C Approach." Problems and Perspectives in Management, 8(4), 47–57.

Inspire

· AUTHORS : Teresa M. Amabile and Steven J. Kramer

· CITATION : Amabile, T. and Kramer, S. (2011). "The Progress Principle : Using Small Wins to Ignite Joy, Engagement, and Creativity at Work. "Harvard Business Press.

· AUTHOR : A. M. Carton

· CITATION : Carton, A. M. (2018). "I'm Not Mopping Floors, I'm Putting a Man on the Moon : How NASA Leaders Enhanced the Meaningfulness of Work by Changing the Meaning of Work." Administrative Science Quarterly, 63(2) 323–369.

· AUTHOR : Jim Collins

· CITATION : Collins, J. (2001). Good to Great : Why Some Companies Make the Leap and Others Don't. Harper Business.

· AUTHOR : Zenger Folkman

· CITATION : Z. F. Folkman (2011, October 4). "The 16 Days of Competencies : #10 Inspires and Motivates Others to High Performance. "Retrieved April 5, 2017, from http : //zengerfolkman.com/the-16-days-of-competencies-10-inspires-and-motivates-others-to-high-performance/.

· AUTHOR : Justin Menkes

· CITATION : Menkes, J. (2011). Better Under Pressure : How Great Leaders Bring Out the Best in Themselves and Others. Harvard Business Review Press.

· AUTHOR : National Research Council Canada

· CITATION : Government of Canada, National Research Council. (2015,December 18). "Inspirational Leadership (Core Competency)."NationalResearch Council Canada.Retrieved April 05, 2017, fromhttp : //www.nrc-cnrc.gc.ca/eng/careers/behavioural_competencies/mg_inspirational_leadership.html.

· AUTHORS : Nitin Nohria, Boris Groysberg, and Linda-Eling Lee

· CITATION : Nohria, N., Groysberg, B., and Lee, L. E. (2008). "Employee Motivation : A Powerful New Model." Harvard Business Review, 86(7/8),78–84.

· AUTHOR : Simon Sinek

- CITATION : Sinek, S. (2011). Start With Why : How Great Leaders Inspire Everyone to Take Action. Portfolio.

- AUTHOR : Simon Sinek

- CITATION : Sinek, S. (2017). Find Your Why : A Practical Guide for Discovering Purpose for You and Your Team. Portfolio.

- AUTHORS : James W. Sipe and Don M. Frick

- CITATION : Sipe, J. W. and Frick, D. M. (2009). Seven Pillars of ServantLeadership : Practicing the Wisdom of Leading by Serving. Paulist Press.

- AUTHOR : Dave Ulrich

- CITATION : Ulrich, D. (2009). The Leadership Code : Five Rules to Lead By.Harvard Business Review Press.

- AUTHORS : Jasmine Vergauwe, Bart Wille, Joeri Hofmans, Robert B.Kaiser, and Filip De Fruyt

- CITATION : Vergauwe, J., Wille, B., Hofmans, J., Kaiser, R. B., and DeFruyt, F. (2018.) "The Double-Edged Sword of Leader Charisma : Understanding the Curvilinear Relationship Between Charismatic Personality and Leader Effectiveness." Journal of Personality and Social Psychology 114 (1) : 110–130.

Innovate

- AUTHORS : Joanna Barsh, Marla M. Capozzi, and Jonathan Davidson

- CITATION : Barsh, J., Capozzi, M. M., and Davidson, J. (2008). "Leadership and Innovation." McKinsey Quarterly, 1, 36.

- AUTHORS : Larry Bossidy, Ram Charan, and Charles Burck

- CITATION : Bossidy, L., Charan, R., and Burck, C. (2011). Execution : The Discipline of Getting Things Done. Random House.

- AUTHORS : Abraham Carmeli, Ravit Meitar, and Jacob Weisberg

- CITATION : Carmeli, A., Meitar, R., and Weisberg, J. (2006). "Self-Leadership Skills and Innovative Behavior at Work." International Journal of Manpower, 27(1), 75–90.

· AUTHOR : Peter F. Drucker

· CITATION : Drucker, P. (1996). The Executive in Action : Managing for Results; Innovation and Entrepreneurship; and The Effective Executive. Harper Business.

· AUTHOR : Jim Harter

· CITATION : Harter, J. (2016). First, Break All the Rules : What the World's Greatest Managers Do Differently. Gallup Press.

· AUTHORS : Linda A. Hill, Maurizio Travaglini, Greg Brandeau, and EmilyStecker

· CITATION : Hill, L.A., Travaglini, M., Brandeau, G., and Stecker, E.(2010). "Unlocking the Slices of Genius in Your Organization : Leading for Innovation." In N. Nohria and R. Khurana (eds.), Handbook of Leadership Theory and Practice : An HBS Centennial Colloquium on Advancing Leadership. Boston, MA : Harvard Business School Publishing Corporation, 611–654.

· AUTHOR : Jane M. Howell

· CITATION : Howell, J. M. (2005). "The Right Stuff : Identifying and Developing Effective Champions of Innovation." The Academy of Management Executive, 19(2), 108–119.

· AUTHORS : A. Walter, K.P. Parboteeah, F. Riesenhuber, and M. Hoegl

· CITATION : Walter, A., Parboteeah, K. P., Riesenhuber, F., and Hoegl, M. (2011). "Championship Behaviors and Innovations Success : An Empirical Investigation of University Spin-Offs." Journal of Product Innovation Management, 28(4), 586–598.

Achieve

· AUTHOR : Bernard M. Bass

· CITATION : Bass, B. M. (1985). Leadership and Performance Beyond Expectation. New York : Free Press.

· AUTHOR : John Doerr

- CITATION : Doerr, J. (2018). Measure What Matters. Portfolio Publishers.

- AUTHORS : Hubert L. Dreyfus and Stuart E. Dreyfus

- CITATION : Dreyfus, H. L. and Dreyfus, S. E. (1986). Mind Over Machine. New York : The Free Press.

- AUTHORS : Alice H. Eagly and Blair T. Johnson

- CITATION : Eagly, A. H., and Johnson, B. T. (1990). "Gender and Leadership Style : A Meta-Analysis." Psychological Bulletin, 108(2), 233.

- AUTHOR : Malcom Gladwell

- CITATION : Gladwell, M. (2007). Blink : The Power of Thinking Without Thinking. Back Bay Books.

- AUTHOR : Seth Godin

- CITATION : Godin, S. (2008). Tribes : We Need You to Lead Us. Portfolio.

- AUTHOR : G. Graen

- CITATION : Graen, G. (1976). "Role-Making Processes of Leadership Development."In M. D. Dunnette (ed.), Handbook of Industrial and Organizational Psychology. Chicago : Rand McNally, 1201–1245.

- AUTHOR : Michael Lewis

- CITATION : Lewis, M. (2004). Moneyball : The Art of Winning an Unfair Game. W. W. Norton & Company.

- AUTHORS : Noam Wasserman, Bharat Anand, and Nitin Nohria

- CITATION : Wasserman, N., Bharat, A., and Nohria, N. (2010). "When Does Leadership Matter? A Contingent Opportunities View of CEO Leadership." In N. Nohria and R. Khurana (Eds.) Handbook of Leadership Theory and Practice : An HBS Centennial Colloquium on Advancing Leadership. Boston, MA : Harvard Business School Publishing Corporation, 27–63.

- AUTHORS : Steve Zaffron and Dave Logan

- CITATION : Zaffron, S., and Logan, D. (2012). The Three Laws of Performance : Rewriting the Future of Your Organization and Your Life. Read How You Want Publishers.

Become

· AUTHOR : The Arbinger Institute

· CITATION : Arbinger Institute. (2012). Leadership and Self-Deception : Getting Out of the Box. Read How You Want.

· AUTHOR : Warren Bennis

· CITATION : Bennis, W. (1989). On Becoming a Leader. Addison-Wesley Pub. Co.

· AUTHORS : Warren Bennis and Burton Nanus

· CITATION : Bennis, W., and Nanus, B. (1985). Leaders : Strategies for Taking Charge. Harper and Row.

· AUTHOR : Susan Mackenty Brady

· CITATION : Brady, S. M. (2019). Mastering Your Inner Critic and 7 Other High Hurdles to Advancement : How the Best Women Leaders Practice Self-Awareness to Change What Really Matters. McGraw-Hill Education.

· AUTHOR : Brene Brown

· CITATION : Brown, B. (2018). Dare to Lead. Brave Work. Tough Conversations. Whole Hearts. Penguin Random House UK.

· AUTHOR : Peter F. Drucker

· CITATION : Drucker, P. (2017). Managing Oneself. Harvard Business Review Press.

· AUTHORS : Janet M. Dukerich, Mary Lippitt Nichols, Dawn R. Elm, and David A. Vollrath

· CITATION : Dukerich, J. M., Nichols, M. L., Elm, D. R., and Vollrath, D.A. (1990). "Moral Reasoning in Groups : Leaders Make a Difference." Human Relations, 43(5), 473–493.

· AUTHOR : Tasha Eurich

· CITATION : Eurich, T. (2017). Insight : Why We're Not as Self-Aware as We Think, and How Seeing Ourselves Clearly Helps Us Succeed at Work and in Life. Crown Publishers.

· AUTHOR : Fred E. Fiedler

- CITATION : Fiedler, F. E. (1963). A Contingency Model of Leadership Effectiveness. Group Effectiveness Research Laboratory, University of Illinois.

- AUTHORS : John Gerzema and Michael D'Antonio

- CITATION : Gerzema, J. and D'Antonio, M. (2013) The Athena Doctrine : How Women (and the Men Who Think Like Them) Will Rule the Future. Jossey-Bass.

- AUTHOR : Bill George

- CITATION : George, B. (2003). Authentic Leadership. Wiley Press.

- AUTHOR : Marshall Goldsmith

- CITATION : Goldsmith, M. (2007). What Got You Here Won't Get Your There. Hachette Books.

- AUTHORS : Sean T. Hannah, Bruce J. Avolio, and Fred O. Walumbwa

- CITATION : Hannah, S. T., Avolio, B. J., and Walumbwa, F. O. (2011)."Relationships Between Authentic Leadership, Moral Courage, and Ethical and Pro-Social Behaviors." Business Ethics Quarterly, 21(04),555–578.

- AUTHORS : Erika Hayes James and Lynn Perry Wooten

- CITATION : James, E. H. & Wooten, L. P. (2010). Leading Under Pressure : From Surviving to Thriving Before, During, and After a Crisis. Routledge.

- AUTHORS : Frances Hesselbein, M. Goldsmith, and Sarah McArthur

- CITATION : Hesselbein, F., Goldsmith, M. & McArthur, S. (2018). Workis Love Made Visible : Finding Your Purpose from the World's Greatest Thought Leaders. Wiley.

- AUTHOR : Linda A. Hill

- CITATION : Hill, L. A. (2019) Becoming a Manager : How New Managers Master the Challenges of Leadership. Harvard Review Press.

- AUTHORS : R. J. House and T. R. Mitchell

- CITATION : House, R. J., and Mitchell, T. R. (1974) "Path-Goal Theory of Leadership." Journal of Contemporary Business, 3, 81–97.

- AUTHOR : Herminia Ibarra

- CITATION : Ibarra, H. (2015). Act Like a Leader, Think Like a Leader. Harvard Business Review Press.

- AUTHORS : D. A. Kenny and S. J. Zaccaro

- CITATION : Kenny, D. A., and Zaccaro, S. J. (1983). "An Estimate of Variance Due to Traits in a Leader." Journal of Applied Psychology.

- AUTHOR : Nannerl O. Keohane

- CITATION : Keohane, N. O. (2010) Thinking About Leadership. Princeton University Press.

- AUTHOR : Malcolm Shepherd Knowles

- CITATION : Knowles, M. S. (1970). The Modern Practice of Adult Education : Andragogy Versus Pedagogy. New York : Association Press.

- AUTHOR : Tom Kolditz

- CITATION : Kolditz, Tom. (2010) In Extremis Leadership : Leading As If Your Life Depended On It. Jossey-Bass.

- AUTHORS : James M. Kouzes and Barry, M. Posner

- CITATION : Kouzes, J. M. and Posner, M. (2016). Learning Leadership : The Five Fundamentals of Becoming an Exemplary Leader. Wiley.

- AUTHORS : James M. Kouzes and Barry Z. Posner

- CITATION : Kouzes, J. M. and Posner, B. Z. (2010). The Truth About Leadership : The No-Fads, Heart-of-the-Matter Facts You Need to Know. Jossey-Bass.

- AUTHOR : Richard J. Leider

- CITATION : Leider, R. J. (2015). The Power of Purpose : Find Meaning, Live Longer, Better. Third Edition. Barrett-Koehler Publishers.

- AUTHOR : R. D. Mann

- CITATION : Mann, R. D. (1959). "A Review of the Relationships Between Personality and Performance in Small Groups." Psychological Bulletin,56(4), 241–270.

- AUTHORS : R. R. McCrae and O. P. John

- CITATION : McCrae, R. R., and John, O. P. (1992) "An Introduction to the Five-Factor Model and Its Applications." Journal of Personality, 60,175–215.

- AUTHOR : Justin Menkes

- CITATION : Menkes, J. (2009). Executive Intelligence : What All Great Leaders Have. HarperCollins ebooks.

- AUTHORS : Nitin Nohria and Rakesh Khurana

- CITATION : Nohria, N. and Khurana, R. (2010). Handbook of Leadership Theory and Practice. Harvard Business Review Press.

- AUTHOR : William J. O'Brien

- CITATION : O'Brien, W. J. (2008). Character at Work : Building Prosperity Through The Practice of Virtue. Paulist Press.

- AUTHOR : Michelle Obama

- CITATION : Obama, M. (2018). Becoming. Crown Publishing Group.

- AUTHOR : Daniel Pink

- CITATION : Pink, D. (2009). Drive : The Surprising Truth About What Motivates Us. Riverhead Books.

- AUTHOR : W. C. H. Prentice

- CITATION : Prentice, W. C. H. (January, 2004) Understanding Leadership. Harvard Business Review.

- AUTHOR : Terry L. Price

- CITATION : Price, T. L. (2008). Leadership Ethics : An Introduction. Cambridge University Press.

- AUTHOR : Tom Rath

- CITATION : Rath, T. (2009) Strengths Based Leadership : Great Leaders, Teams, and Why People Follow. Gallup Press.

- AUTHOR : Donald Sull

- CITATION : Sull, D. (June, 2003). "Managing by Commitments." Harvard Business Review.

- AUTHORS : Dave Ulrich, N. Smallwood, and K. Sweetman

- CITATION : Ulrich, D., Smallwood, N., and Sweetman, K. (2015). The Leadership Capital Index. Barrett-Koehler Publishers.